【李普曼儿童哲学三部曲】

Philosophy in the Classroom (Second Edition)

课堂中的哲学

让孩子重回思考

[美] 马修·李普曼 安·夏普 弗雷德里克·奥斯坎扬 著

刘丹 刘学良 译

华东师范大学出版社
·上海·

图书在版编目（CIP）数据

课堂中的哲学：让孩子重回思考 /（美）马修·李普曼，（美）安·夏普，（美）弗雷德里克·奥斯坎扬著；刘丹，刘学良译. -- 上海：华东师范大学出版社，2024. -- ISBN 978-7-5760-5669-3

Ⅰ.B-49

中国国家版本馆 CIP 数据核字第 2025X621Y8 号

李普曼儿童哲学三部曲

课堂中的哲学

让孩子重回思考

著　　者　[美] 马修·李普曼
　　　　　[美] 安·夏普
　　　　　[美] 弗雷德里克·奥斯坎扬
译　　者　刘 丹　刘学良
责任编辑　吴 伟
责任校对　张 筝　时东明
装帧设计　刘怡霖

出版发行　华东师范大学出版社
社　　址　上海市中山北路 3663 号　邮编 200062
网　　址　www.ecnupress.com.cn
电　　话　021-60821666　行政传真 021-62572105
客服电话　021-62865537　门市（邮购）电话 021-62869887
地　　址　上海市中山北路 3663 号华东师范大学校内先锋路口
网　　店　http://hdsdcbs.tmall.com

印　刷　者　浙江临安曙光印务有限公司
开　　本　787 毫米×1092 毫米　1/16
印　　张　17
字　　数　209 千字
版　　次　2025 年 3 月第 1 版
印　　次　2025 年 3 月第 1 次
书　　号　ISBN 978-7-5760-5669-3
定　　价　58.00 元

出版人　王 焰

（如发现本版图书有印订质量问题，请寄回本社客服中心调换或电话 021-62865537 联系）

Philosophy in the Classroom, Second Edition
by Matthew Lipman, Ann Margaret Sharp and Frederick S. Oscanyan
Copyright © 1980 Temple University
Simplified Chinese translation copyright © 2025 by East China Normal University Press Ltd.
All rights reserved. No part of this book may be reproduced or transmitted in any form or by any means, electronic or mechanical, including photocopying, recording or by any information storage and retrieval system, without permission in writing from Temple University Press and East China Normal University Press Ltd.
上海市版权局著作权合同登记　图字：09 - 2021 - 0747 号

译者序

当今教育正处于巨大的变革时期,人们已经意识到以知识讲授和纸笔考试为特征的传统教育已经陷入"死胡同"——学习成为获取更高分数的竞赛,人的主体性、思维的创造性以及学习的意义感被系统性遮蔽,这种教育方式无法帮助学生发展出社会所需求的能力素养,只会加剧"内卷",使他们的精力白白消耗,甚至影响身心的健康发展。另一方面,人们意识到教育改革的必要性,但对于未来教育的方向尚未达成共识,各种教育方法或举措层出不穷,很多没有取得预想的效果,反而给一线教育者们增加了负担和困惑。正如本书所描述的:

> 每出台一个措施都被过分吹捧,被寄予厚望:一会儿呼吁走出教室,一会儿又要重回教室;一会儿标榜技术创新赋能教育,一会儿又抵制新技术;一会儿让家长参与,一会儿又不让家长参与;一会儿说应该给教师加薪,一会儿又说教师更应注重精神上的回报;一会儿又出现助教进课堂,如此措施,不胜枚举。对此,人们不禁会觉得,即使所有这些补救措施都能奏效,它们的作用也不过像创可贴一样:对于治疗表面擦伤没有问题,但对于内部的创伤来说,不但毫无效果,甚至可能带来更大的风险。

儿童哲学也是当前教育的探索之一，它不仅试图提供一种更适合学生思维发展的教育模式，而且旗帜鲜明地主张"教育要重塑自身"——不寻求在现存体系内修修补补，而是通过思维革命推动教育范式的根本转型，让教育回归发展思维、启迪智慧、孕育主体的本真使命。助力这一根本转型的重要力量和支持来自于哲学。哲学是人类文明长期发展的结果，其诞生标志着人类思维水平达到了更高的阶段，真正进入了文明的时代。哲学是一门"爱智慧"的学问，代表着人们对什么是真、什么是善、什么是美等至关重要的问题的持续追求，向人们指出了进行探索的方向并提供了使思考不断完善的工具。与此同时，哲学例示了另一种教育的范式——意义只能被发现，不能被给予，教育要让学生亲身投入对意义的探索中，通过个体反思、群体交流和不断实践，使自己成为意义的发现者和承担者。

正是基于这一理念，以李普曼为代表的儿童哲学家们不断进行建构与实践，通过将哲学（经过简化或改造后）引入基础教育之中，建构哲学式的教学方法，打造儿童哲学课程体系，在实践中推动教育模式的变革。通过强调儿童本身的好奇心和求知欲，打破功利主义及工具主义的教育观，鼓励他们进入真正的求知过程中，在提升认知和解决问题的过程中获得学习的乐趣，推动儿童成为学习的真正主体。通过将哲学引入课堂，引导学生进入"做哲学"的活动中，实际地进行分析概念、反思前提、验证假设、提供理由、明确标准、评价效果等活动，掌握逻辑的思维方式和哲学的思维方法，使他们的思考更加深入和全面。通过将课堂转变为平等协商的探究共同体，使学生从被动接受者转变为知识共建者，推动学生更加深入、更加系统地探索世界、认识自我和理解他人，实现批判性思维、创造性思维和关怀性思维的全面进步。

《课堂中的哲学：让孩子重回思考》这本书是儿童哲学的代表性著作，

对于人们理解儿童哲学的理念、推动实践发展产生了重要的影响。本书由李普曼、夏普、奥斯坎扬三人合作完成,对于儿童哲学的教育理念和开展方式进行了详细的阐述,提出了很多重要洞见,特别是强调了以下四个主张:第一,发展儿童的逻辑思维至关重要。逻辑有助于儿童自我意识的发展,使他们能够以结构化和条理清晰的方式把握并考察自己的思想,为自己及他人的言行提供理由并进行评估,是使儿童成为理性思想者的前提性条件。第二,儿童哲学是深化学科教学的重要路径。儿童哲学不仅能够作为一门单独的课程来培养学生的思维,同时也能够作为一种方法应用于学科教学中,使学生掌握知识学习的关键技能,通过思维能力的发展推动学生对学科知识的深入理解。第三,道德教育离不开哲学探究。道德教育不应局限于灌输道德规则,而应在引导儿童参与伦理道德的探究过程中,发展他们的道德判断力和敏感性,使之能应对具体情况并为自己的选择负责。第四,开展儿童哲学的关键在于教师。教师是儿童哲学能否成功开展的决定性因素,首先教师自身要投入哲学探究之中以掌握相关知识和方法,表现出对卓越思考、卓越创造的热爱,在情感、价值观和哲学思考方面为儿童树立榜样。这四个观点贯穿于多个章节中,成为理解本书的重要线索。

在第一章中,作者强调了重塑教育的必要性,指出当前教育系统存在根本性设计缺陷,导致教育低效。那种补救性的教育实践只关注缓解表面问题,没有从根本上解决教育失当的问题,反而造成了教学的混乱和资源的浪费。因此,教育改革不应仅限于补救措施,而应重新设计教育系统,确保教育的最大内在价值、意义和合理性与最佳教学法保持一致。我们应该正确认识儿童的期望,意识到儿童对获得意义的渴望和兴趣,帮助儿童发展他们的推理能力和判断能力,增强他们的认知技能,使他们自己能够参与到对意义的探索中。因此,教育应充满深思且明智合理,要帮助儿童追求内在价值和意义,鼓励儿童的探索精神,并培养他们的理性思维。

第二章探讨了思维与学校课程之间的关系,强调了教育与意义之间的不可分割性,并指出学校教育应当致力于帮助儿童获得意义。李普曼认为,儿童天生具有好奇心并且渴望意义,追求理解上的统一性和完整性。但意义只能依靠自己来发现,不能被给予。因此,教师需要关注儿童的内在需求,将教学内容与儿童的生活经验相结合,帮助儿童发展独立思考的能力,把已经开始思考的儿童转变为善于思考的儿童。为了实现这一目标,需要借助哲学。哲学强调逻辑思考,关注生活中那些至关重要的概念,并且将不同学科的知识联系起来,克服教育的碎片化和过度专业化。单独开设儿童哲学课程或将之融入学科教学之中,能够为儿童发展思维和想象力提供必要的工具,为各学科主题相互迁移提供支撑,帮助他们建立对知识的深入理解。

第三章探讨了教育中哲学维度的重要性,强调了好奇心和反思在儿童成长中的作用。儿童天生对世界充满好奇,他们对生活中的各种现象感到困惑,并试图通过成人的解释来理解世界。儿童往往通过科学的、象征性的解释或哲学探究来应对他们遇到的奥秘。科学的解释通过提供科学知识来暂时安抚儿童,但这些答案往往是单一的,无法完全满足儿童的好奇心。象征性的解释通过童话和故事等形式为儿童提供了丰富的想象空间,但只能满足部分需求。哲学探究以提问的方式出现,体现为形而上学的问题、逻辑问题或伦理学的问题,更能激发儿童对世界的好奇心和探索欲。成年人应保护儿童的好奇心,通过恰当方式帮助他们探索世界,促进其全面成长。

第四章阐述了儿童哲学的教育预设以及开展儿童哲学的教学方式。儿童哲学认为儿童都具有一定哲学思考的兴趣和能力,恰当的哲学教学能够促进儿童思维的发展,并能够促进学科知识的学习。儿童哲学教学的两个重要前提——思考某个学科与运用该学科进行思考是不同的,而且进行思考与自我反思之间存在区别。前者强调鼓励儿童获得一般性的推理技能,后者鼓励儿童运用这些技能进行自我反思。儿童哲学需要一个多元化的课堂环境,尊重不同学生的思考速度和生活经验,鼓励学生表达自己的观点,彼此进行倾听和探讨。因此,要将课堂变成一个探究共同体,这个共同体对证据和理由持开放态度,不断应用思维技能于探究过程中。教师在探究共同体中扮演着重要角色,但需要掌握一定的技能和机敏的应变能力,教师需要参加一定的培训计划以适应儿童哲学教学的需求。

第五章概述了已有的儿童哲学课程,阐明儿童哲学的教育目标及方法。本章以IAPC的儿童哲学课程为例,该课程以哲学小说为载体,贯穿1—12年级的课程,针对每个年龄段的儿童进行针对性的思维训练。儿童哲学课程的教育目标包括提高推理能力、发展创造力、促进个人和人际关系的成长以及对道德理解的发展。儿童哲学课程通过创造鼓励持续思考的环境,帮助儿童参与推理过程,从而促进其推理能力的发展,又通过各种创造性活动,如游戏、戏剧和艺术形式,促进儿童在共同探究中的探索和创新。参与这些课程,能够促进儿童提升在人际关系上的敏感性和洞察力,助力他们的自我发展;同时帮助他们建立对道德情境的敏感性,使之能做出更为恰当的道德判断。本章还探讨了引导儿童发现意义的方法,包括寻找多种可能;寻求公正性;认识一致性;为信念提供辩护理由;学会综合考虑问题;辨别不同情境;认识部分与整体的关系。这些方法能够帮助儿童发现他们经验中部分与整体之间的关系,使他们能够发现自己经验中的意义。

在第六章中,作者向我们呈现了儿童哲学课堂的开展方式,强调了教师在儿童哲学中的重要作用,以及如何通过各种教学策略来培养儿童的独立思考能力。哲学教学应是一种"有机"的教学方式,即通过反复讨论和深入理解来逐步建立哲学概念，而非传统的"原子式教学"方式。这种教学方式要求教师具备至少四个关键条件：致力于哲学探究；避免灌输；尊重儿童的意见；获得儿童的信任。理想的儿童哲学课堂情况是学生充分信任教师，敢于批评教师的方法或价值，教师要做好向学生学习的准备，公平对待学生的意见，尊重学生的想法、需求和兴趣。为此，教师应采取具体的行动支持和引导学生的哲学思考，掌控讨论进程使之聚焦核心问题，通过巧妙提问推动学生不断深化思考，鼓励儿童在寻找答案的过程中深入分析，善于把学生的发言融入课堂的整体对话之中，从学生的非语言表达中捕捉困惑或需求信息，发挥积极的示范作用，展示言行一致的重要性，通过自己的行为为儿童树立榜样。

第七章在第六章的基础上，对如何开展哲学讨论展开详细论述。哲学讨论不同于科学讨论和宗教讨论，它不仅关注事实和证据的探讨，同时也重视澄清含义、揭示假设和预设、分析概念、考虑推导过程的有效性、考察观念的含义以及探讨不同观念对人类生活的影响。哲学讨论鼓励儿童超越具体事实，深入探究事物的本质和意义，从而培养他们的批判性思维和创新能力。教师是哲学讨论的引导者，需要掌握一系列讨论技巧来推动对话，如引出看法或观点、澄清和重述、阐明学生的观点、解释意义、寻求一致性、明确定义、寻找假设、指出谬误、询问理由等，以引导儿童进行有条理、有深度的思考。此外，本章还提出了一系列策略来促进哲学讨论，教师可以根据学生观点的不同立场或论证模式来划分小组；根据讨论的需要适时引入不同的观点或指出观点间的冲突，以拓宽或集中讨论的思路；引导学生对所使用的概念和术语进行阐释和分析，从而达到更高层次的理解。

第八章主要探讨了如何培养儿童的逻辑思维能力。"逻辑"在儿童哲学中具有三重含义：形式逻辑、给出理由以及理性地行动。"形式逻辑"作为支配句子结构和句子之间的关系规则,能够帮助儿童意识到自己能够有条理地反思自己的思维。在儿童哲学的教学中,形式逻辑的学习可以通过小说中的具体情境进行呈现,引导学生自行发现和应用逻辑规则,使他们最终能够逻辑地思考并评估自己或他人的言论。"给出理由"指儿童需要学会为自己的言行提供充分的理由,并进行合理的评估。在获取理由的过程中,要引导学生尽可能做到公正、客观,尊重他人,并鼓励其进一步寻找理由,从而发现更具事实性、相关性、支持性、熟悉性等特性的"好理由"。"理性行动"意味着儿童在行动之前要进行充分的思考和规划,考虑各种可能的后果,并选择最合理的行动方案。这种能力的培养需要教师在日常教学中不断引导和示范,通过参与哲学讨论和实践活动,让儿童逐渐习惯用逻辑和理性的方式来指导自己的行为。

第九章对于道德教育进行了深入思考,强调道德教育不应脱离哲学探究。道德教育不仅仅是告诉儿童价值和标准,还必须让儿童参与到哲学探究中来,以确保他们能够独立地进行思考,使儿童可以更深入地理解道德情境的复杂性和模糊性,提高他们的道德敏感性,从而能在复杂的道德情境中做出恰当的选择。为了实现这一目标,教师需要为儿童创造一个相互信任、相互尊重的课堂环境,鼓励儿童积极参与道德讨论,从多个角度审视道德问题,并将逻辑规则运用于讨论之中,使之学会如何清晰地表达自己的观点,如何评估他人的论证,以及如何做出合理的道德判断。此外,还需要通过实践活动来加深儿童对道德原则的理解和认同,通过设计各种道德实践活动,让儿童在实践中体验道德冲突、学会道德决策,并逐步形成稳定的道德品质,让儿童学会如何成为一个有道德、有责任感、有独立思考能力的人。

第十章在第九章的基础上探讨如何通过伦理探究进一步深化道德教育。对于初中阶段的学生,他们的思维方式更加系统化,能够更好地掌握逻辑推理并关注社会，适合进行伦理探究。伦理探究的目的是对价值观、标准和实践进行开放式、持续性的反思，通过公开讨论来全面考察各种观点和事实，让儿童对人们赖以生存的价值观、标准和实践进行反思，帮助个人更清楚地了解在特定情况下的道德可能性。本章列举了十二个哲学主题，包括逻辑与伦理的关系、一致性、正确与公平、正确与完美、自由意志和决定论、自然本性、变化与成长、真理、关怀、标准和规则、问题与答案，以及伦理探究中的思考和自我反思。对这些问题进行讨论能够帮助儿童发展清晰、合乎逻辑和有效的思考能力，以及识别和思考道德问题的能力，从而培养他们的道德责任感和道德智慧。

儿童哲学强调对教育的彻底重塑，关注和顺应了儿童身心发展的需求和趋势，运用哲学的智慧来改变学与教的方式，在集体共同的探究过程中实现儿童思维、道德、品格等全面发展，对于基础教育阶段发展学生思维、推进学科教学、增强道德教育、提升教师水平等方面都有积极的作用。《课堂中的哲学：让孩子重回思考》作为儿童哲学研究的重要作品，对于儿童哲学的教育理念、教学方法、课程内容、实践案例等进行了系统表述，为我国理解和实践儿童哲学提供了重要的借鉴和指引。本书全文翻译由刘丹博士和我共同完成，上海师范大学刘佳、上海交通大学刘璐、李清睿、阚嵩参与一定的文本校对和整理工作，在此一并感谢。希望本书能为我国儿童哲学的发展提供助力，对儿童的思维教育产生积极的作用。

刘学良

2025 年 1 月 19 日

前　言

哲学如今已经成为基础教育中值得期待的内容,这是一个令人相当惊讶的发展。因为过去几个世纪以来,哲学一直都是大学或研究院的专属,中小学里是没有哲学的。直到20世纪70年代以后,才发生了转变。然而我们不禁要问,今天中小学的学习内容已经相当多了,为什么还要增加哲学呢?

公元前6世纪,哲学出现在古希腊,它并不是无端出现的。理性动物社会的发展(也即文明)时间并非只有几千年,而是已经持续了百万余年。理性是人类文明得以形成的根本原因,人类开始推理并学习如何提高理性是一个长期且缓慢的过程。因此,"思考"出现在古希腊之前,已经持续了好几个世代——人们不断提升自身的思考能力,不断通过预判来避免陷阱,不断努力权衡各种后果的利弊。到了公元前6世纪,人们才开始关注"思维"本身,开始围绕"思维"进行思考,而这也意味着人类发展迎来了一个前所未有的高峰——哲学的诞生。

早期希腊人对于哲学的认识与今天许多教育工作者的洞见大致相同:思维过程的完美状态实现于哲学之中,哲学即卓越的思维,哲学是使思维过程不断臻于完美的最佳工具。回顾一下古希腊哲学,可以帮助我们更加清楚地认识,为什么哲学在未来基础教育中会发挥重要作用。

在西方文明的大部分历史长河中，文学和哲学一直处于割裂状态，但在希腊早期的几个世纪里，情况得到了改变。在亚里士多德(Aristotle)之前，哲学几乎总是体现在某种文学载体中。如赫拉克利特(Heraclitus)的格言和巴门尼德(Parmenides)的诗歌，再如柏拉图(Plato)的戏剧对话。

此外，古希腊的一些文学作品虽然本身不具有哲学性，但却与古希腊文化的哲学意识和反思精神有很大关系。例如荷马(Homer)(约公元前9世纪)的著作，或者公元前5世纪的戏剧家们的作品，这些作品为之后形成的系统的哲学思想奠定了基础。然而，荷马不是哲学家，为什么会对哲学思想有着如此重大的贡献呢？

我们先来回顾一下他的史诗《伊利亚特》，其中叙述了一场发生在荷马之前3个世纪的战争，人们一般认为那是一场希腊人和特洛伊人之间的战争，但这并不完全准确。因为在战争之前，半岛上只有个别城邦被称为希腊。正是这场战争使这些城邦的居民认为自己是希腊人，正如美国革命使十三个州的殖民者认为自己是美国人一样。

美国独立战争虽已过去两百多年，但时至今日，人们仍能感受到它。当得知英国人将"独立战争"称为"殖民地的叛乱"时，美国人会觉得不可思议。换句话说，美国人坚持自己对这场战争性质的看法，而英国人亦是如此。公元前12世纪的希腊仍然是一个尚未完全摆脱野蛮的部落民族，即使到了荷马时代也没有更加文明。他们把与特洛伊的战争看作是其促进国家统一的重要战争。一个如此粗犷和凶猛的民族，肯定不会对其祖先进行诋毁。然而，当我第一次阅读《伊利亚特》时，却惊讶地发现荷马对希腊人和特洛伊人竟一视同仁。这里有英勇的特洛伊人和胆小的希腊人，也有勇敢的希腊人和奸诈的特洛伊人，双方不分伯仲。在所有任性、愚蠢、狡猾和凶残之人中，只有一个人是高尚的——但他不是希腊人，而且他的结局也不幸福。荷马对一些希腊英雄的描述是十分刻薄的,有人可能猜测希腊人会因此迫害荷马,但事实上,希腊民众欣然接受了《伊利亚特》。那希腊人接受的究竟是什么呢?

荷马不是哲学家,但他公正、客观、超然地对待了这场战争。他钦佩他认为值得钦佩的东西,不管是希腊的还是特洛伊的。他根据自己的理解来描绘所有人,而不是依据人们的国籍。尽管这种描述会令人尴尬,但那些执着追求真相本身的人们还是会欣然接受。

希腊人显然认可了《荷马史诗》中对真理公正无私的追求,而这不仅塑造了希腊人的自我意识,也激起了他们对思想独立的进一步需求。正因如此,哲学在古希腊刚开始盛行时,并没有受到迫害。前苏格拉底时期的那些"自然哲学家"们,其思考方式极具科学性,但在表达方式上是格言式的,有时还富有诗意。因此,那时的哲学往往是通过艺术的表现形式来科学地阐释事物的本质,非常简单且通俗易懂,其不是技术性的或复杂的,更不是仅供少数专家或修道士所研究的专属物。那时的格言是丰富多样的,任何人都可以理解。

到了5世纪,哲学开始明确地以对话的形式进行探究。很明显,推动这一转变的正是苏格拉底(Socrates)。苏格拉底为他的雅典同胞们树立了一个榜样,告诉他们如何通过公众讨论来深入地审视自己的生活。而且,如果没有苏格拉底,也就不会有柏拉图伟大的对话录。那么,苏格拉底的一生有什么与众不同之处?又为何如此重要呢?

首先,无论苏格拉底规劝人们去做什么,他总会**说明该如何去做**。思考即是工作,而且这种脑力工作是他人无法替代的。苏格拉底为我们树立了知识探究的典范,但他从不把自己的探究成果强加给他人。他启发人们认识理论与实践的相互依赖关系,指出实现目标的可能步骤,但并不给出任何直接的建议。苏格拉底没有说,"要将一切必要的联系建立起来,要将一切必要的差异区分开来"。因为他知道这样的要求毫无意义。相反,他通常是这么做的:如果要揭示一个概念——友谊、勇气、爱、美——那么,他会采取具体的、层层深入的引导步骤,逐步将这个概念清晰地呈现出来。苏格拉底的冷静与自信极具感染力,能使那些参与对话的人也变得和他一样善于思考、卓于思考。

其次,苏格拉底告诉我们,**人应该认识你自己,认识自己的生活**。也就是说,人应该知道自己生命中最重要的是什么,如果我们知道自己生命中最值得追求的是什么,我们的生活才更可能变得美好与卓越。因此,智慧探索始于每个人最感兴趣的那些问题:人生中什么是有价值的?为什么这些价值是最重要的?通过对生活进行全面思考而使生活得到改善,这是人们的最佳动机。因此,我们必须承认,个人对于改善自身生活的意愿应该得到优先考虑。

然后,苏格拉底让人们**参与到对话之中**。这看起来十分普通,但实际非常重要。他毕生坚持"未经反思的人生是不值得过的",因此对话变得十分紧迫和重要。当人们进行对话时,必须保持冷静的头脑——不允许马虎的推理,无关的评论或者愚蠢的玩笑。对话者必须认真倾听(因为倾听即思考),权衡自己的言辞(因为言说即思考),回忆双方说过的内容,并且斟酌自己即将要表达的看法,或者预估他人可能会说的观点。因此,参与对话就是探索可能性、发现其他选项、意识到不同的视角,并且建立起探究共同体。共同体成员共同对各种观点及其逻辑进行反思,这意味着每个人都在自己的脑海中重现之前的讨论,但因为每个人的视角是不同的,因此又会有新的发现。有人认为苏格拉底的对话与他对理智的追求没有必然的联系,这肯定是一种误解。在苏格拉底看来,如果想要人们学会独立思考,没有比让他们进行理性对话更好的方式了。

最后，思考必须严谨。苏格拉底强调，所有的信念都必须接受逻辑和经验的检验。观点是谁提出的并不重要——重要的是所有这些观点都必须具有内在一致性和充分的证据支持。因此，理智探究是一门有其自身完整性的学科，它与科学探究有所不同，更不是一种政治或宗教的意识形态。苏格拉底不会自欺欺人地认为与将军交谈就是在讨论战略，与政治家交谈就是在讨论治国之道。他很清楚地知道自己讨论的是这些领域的前提假设，而这些假设必须以哲学的方式被思考。思考必须是严谨的，而哲学是一门独特的学科，它超越于其他学科之外，而其他学科最终会受益于哲学的思考和对话。

从柏拉图的著作中，我们可以了解到苏格拉底的一些重要品质。苏格拉底曾说自己是个"助产士"，这是那些倾慕苏格拉底的人最应该学习的。我们学习苏格拉底不在于模仿他（正如他不会去模仿任何人一样），而是要学习他独立思考的精神。那些想要向苏格拉底学习的教育者应该记住以下几点：

1. 讲授任何关键概念时，都应该认识到这些概念是可操作的，并且提供有序的操作程序；

2. 思维探究应该从学生的兴趣开始；

3. 激发人们思考的最好方法之一就是让他们参与对话；

4. 卓越的思维是充分立足于经验的逻辑思维（如柏拉图所说，它也是富有想象力的）。因此，思维训练课程应该同时强调形式推理和创造性思维。

苏格拉底之前的哲学家们在提出自己的主张时，往往持有一种唯我独尊的态度。哲学需要更具辩证性，更有张力，而恰恰是文学和戏剧首先提供了这些所需。埃斯库罗斯(Aeschylus)、索福克勒斯(Sophocles)和欧里庇得斯(Euripides)三位伟大的剧作家,启发了当时的哲学家们如何戏剧般地组织思想,如何在思想的碰撞中提升认知。其中,柏拉图应该是受此启发最大的一位哲学家。

当然,柏拉图也从苏格拉底那里学到了很多,其中重要的一点就是:哲学的生命在于对话,哲学家既是教育者,又是学习者;哲学本身乃是教与学的统一。

柏拉图以一种通俗易懂又完整可靠的方式来呈现哲学,但在他之后,能做到这一点的人则少之又少。我们必须认真对待古希腊的经验,并将总结的教训用于解决我们这个时代的问题,因为我们今天也生活在一个哲学匮乏的社会里——知识有余但智慧不足。今天这个社会,只有少数人才能够接触哲学,而且这种接触往往来得太晚。

学习哲学不能通过强行灌输,只有当人们自己想学时,学习才会发生。当然,这种学习动机需要一定的刺激来激发,这就类似于希腊人的文学刺激了他们的哲学需求。希腊人并非天生就具有哲学探究的特殊才能,这很可能是荷马留下的宝贵遗产。荷马的公正无私让希腊人看到了正义,荷马的不偏不倚让希腊人看到了真理。如果一个民族希望子孙后代都成为有智慧的人,就需要创造大量能体现其所珍视的价值观的艺术活动,就像《伊利亚特》体现了希腊后代所珍视的价值观一样。其中最重要的是建立新的课程,以促进儿童独立思考。这些课程将激发儿童的想象和思考,使他们能够更富有想象地、更深思熟虑地进行制作、说话和行动。

目 录

第一部分　鼓励儿童思考

第一章　重塑教育的必要性 / 3
失当的教育 / 3
无济于事的补救措施 / 4
认识儿童的期望 / 6
发现 / 7
挫折 / 8
有意义的经验 / 9
对探索的渴望 / 10
意义与理性 / 12

第二章　思维与学校课程 / 14
儿童对意义的渴望 / 14
善于思考 / 15
思维技能和基本技能 / 18
思维技能和其他学科 / 23
对话与思维的关系 / 25

善于思考重要的问题 / 28

第三章　哲学：教育中丢失的维度 / 34
　　　哲学始于好奇 / 34
　　　好奇与意义 / 35

第四章　儿童哲学的教育预设 / 45
　　　保持哲学的学科独立性 / 48
　　　将课堂转变为探究共同体 / 49
　　　师资与课程 / 51

第二部分　儿童哲学的目标与方法

第五章　儿童哲学课程 / 57
　　　课程概述 / 57
　　　儿童哲学的教育目的与教学目标 / 60

第六章　教学方法论：价值考量和实践标准 / 91
　　　让儿童独立思考 / 91
　　　哲学思维教学的条件 / 93
　　　教师支持学生哲学思考的行为 / 99

第七章　指导哲学讨论 / 114
　　　哲学与对话策略 / 114
　　　引导课堂讨论 / 116
　　　观点在哲学对话中的作用 / 118

促成哲学对话 / 123
引出看法或观点 / 126
帮助学生表达他们自己：澄清和重述 / 127
阐明学生的观点 / 128
解释意义 / 129
寻求一致性 / 132
明确定义 / 133
寻找假设 / 134
指出谬误 / 135
询问理由 / 136
让学生说出他们是如何知道的 / 138
引出和评估其他选项 / 139
精心组织讨论 / 141

第三部分　将思维技能应用到学校生活

第八章　培养儿童的逻辑思维能力 / 149
形式逻辑有助于哲学思维 / 149
给出理由：获得充分理由的方法 / 158
理性地行动 / 166
结论 / 172

第九章　道德教育可以脱离哲学探究吗？ / 174
对儿童推理能力的假设 / 174
为道德发展创设有利的环境 / 175
道德教育中的社会性与自主性 / 178

道德教育中的危险——理论与实践的二元对立 / 181
帮助儿童明白该做什么 / 187
想象力与道德教育 / 188
道德教育从哪里开始 / 193
为什么道德教育不能脱离哲学教学 / 195
逻辑与道德的关系 / 201
提高道德判断力 / 206

第十章　儿童伦理探究中的哲学主题 / 211

逻辑与伦理的关系 / 214
一致性 / 215
正确与公平 / 217
正确与完美 / 218
自由意志和决定论 / 219
自然本性 / 220
变化与成长 / 221
真理 / 222
关怀 / 223
标准和规则 / 224
问题与答案 / 226
伦理探究中的思考和自我反思 / 228

附录 A　教师教育改革 / 230

附录 B　实验研究儿童哲学 / 239

第一部分

鼓励儿童思考

第一章 重塑教育的必要性

假如有一个极度理性的外星人到访地球,看到我们现在的教育系统,他一定会对其中很多方面感到疑惑。这并不是说地球人没有意识到现有的教育机制是低效的,问题的症结在于人们为了解决教育低效所采取的方法是有问题的。面对现有的教育问题,人们往往试图补救而不是重新设计。当某种补救措施被证明是低效的,人们就会用另外的补救办法来试图弥补前者的失误,而不去对这种教育机制无法有效发挥作用的根本原因——其基本设计的缺陷——进行检验。人们更倾向于采取补救措施来提高效率,试图以新的补救措施弥补旧措施的不足,为此投入大量的钱财,却根本于事无补。如果要对教育过程进行重新设计,那么需要怎样的标准来确定新方案的适用性呢?我们认为新方案的总体目标应该是:**使教育的最大内在价值(相对于工具性的和外在价值而言)、最大意义、最大合理性与最佳教学法保持高度一致性和统一性**。在本章中,我们将致力于阐明这些标准的理由,以及实现这些标准的途径。

失当的教育

教育制度中的任何缺陷,都会对那些在教育中处于劣势的人造成最残酷和最严重的影响。教育对不同学生群体的影响效果是不同的,正如流感对人的影响会因人而异。面对失当的教育,不同学生的承受能力相差很大,有相当数量的学生在失当的教育中受到了极为严重的伤害。同样是接受有问题的教育,一些文化群体受到的危害较小,甚至他们中还会有人取得成功,但这并不能证明其所接受的教育是没有问题的;而另一些文化群体可能会受到严重的伤害,对于这些人群,该教育应负有一定的责任。因此,在重新设计教育时,务必要对当前失当教育的弊病加以考察。就像对流行病进行分析一样,对现有教育的弊病及其后果展开分析是很有价值的。相比而言,那种将认知能力差异归咎于种族差异和文化背景差异而展开的分析,就显得颇为牵强。

补救性教育实践的理论依据是:教育制度中存在着一种无比极端、糟糕的"症状",即通过采取相反的教育方式来进行补救或纠正。遗憾的是,其所采用的方法通常与原有教育方式大同小异,其所实施的补救措施往往只注重缓解表面"症状",并没有从根本上剖析当前教育失当的真实原因。

教育系统的发展确实需要批评的声音。但现在的问题是,不是没有批评的声音,而是批评的声音太多,但大都没有什么建设性。他们只是吹毛求疵,却不知道如何纠正和改进。此外,还有人将教育的失当归咎于文化、社会、经济方面。但这相当于在说:如果一个社会的经济条件得不到任何重大改善,那么那些在社会上处于不利地位的人就没救了,他们只能继续忍受失当的教育。

无济于事的补救措施

到目前为止,无论是批评者还是辩护者,他们提出的建议都令人看不到希望，由此也证明了那些补救措施是行不通的。每出台一个措施都被过分吹捧，被寄予厚望：一会儿呼吁走出教室，一会儿又要重回教室；一会儿标榜技术创新赋能教育，一会儿又抵制新技术；一会儿让家长参与，一会儿又不让家长参与；一会儿说应该给教师加薪，一会儿又说教师更应注重精神上的回报；一会儿又出现助教进课堂，如此措施，不胜枚举。对此，人们不禁会觉得，即使所有这些补救措施都能奏效，它们的作用也不过像创可贴一样：对于治疗表面擦伤没有问题，但对于内部的创伤来说，不但毫无效果，甚至可能带来更大的风险。

因此，需要从不同的角度入手。我们假定，使补救性教育发挥作用的唯一途径，根本不是把它当作一种纯粹的补救手段，而是**需要重新设计它**，以保证所有青少年都能获得良好的教育。正如没有所谓的"补救性医学"一样，也不应该存在什么"补救性教育"。我们为社会中处于不利地位的或易受到伤害的社会成员所提供的教育、照顾和关注，应该成为一种卓越的典范，代表着向所有人提供的最佳服务。不存在任何策略可以有效地补救教育，换言之，没有一条有效策略可以满足所有教育。

教育必须重塑自身，而不是从社会经济条件中寻找借口；教育必须重塑自身，才能够证明文化多元化不仅不是教育失当的借口，反而体现了教育的优越性；教育必须重塑自身，只有这样才不会听到受过教育的人抱怨："教育没有让我发现自己原本可以有更多的选择"，或"我成长了，但我的成长与教育无关，它没有促进我各种能力的全面发展"，又或者"我满怀着好奇心、想象力和创造性进入教育系统，但现在这些东西早已离我而去"。

人们对重新设计教育的期望既不应过高也不应过低。我们不指望教育的变革会引发社会的变革，但至少在关于教育本身的效果上，我们还是期望这么做可以促进教育质量的提升。倘若一边对现行教育制度的缺陷表示不满，一边又为这充满缺陷的制度辩护，不寻求任何可替代的办法，那么只会让我们自身陷入矛盾之中。

认识儿童的期望

学生和他们的父母对教育有着怎样的期待呢？学生们经常抱怨他们的课程缺乏相关性、趣味性和意义感，这成为他们成绩不佳或厌学的理由。家长的声音也很简单明确：学校的存在就是为了"迫使孩子学习"。父母和孩子所表达的其实并不冲突，如果教育过程可以让孩子感受到学习是密切相关、充满趣味且富有意义的，那就不存在"迫使学习"之说了。

要学习什么呢？我们常常被告知，要学的东西就是人类文明中的精华。没有人会否认学习文化传统的必要性，但若将教育局限于学习社会的文化传统，就未免过于狭隘了。儿童缺乏足够的能力和社会地位去评价"文化传承"对其社会的重要性，他们只能判断"文化传承"对他们自己的意义。对于文明中那些被一代代人所尊崇的内容，儿童可能完全不感兴趣。由于缺乏足够的兴趣和批判性思维，极少有儿童会提出这样的问题：为什么历史上那些被崇敬的行为放到今天会被认为是极其野蛮的呢？儿童对成人所尊崇的内容往往深信不疑，很少去怀疑成人可能是错误的。如果他们有一天表示抗拒，声明自己不懂得这一切的意义时，成人总是会用"你早晚会明白这一切都是有意义的"这样的话来安抚他们。然后他们的小手会拉着我们的手，继续相信我们所言的一切事情。

儿童期望整个教育过程（所有阶段构成的整体，以及阶段之间的进阶）都是富有意义的，这种期望难道不是合理的吗？如果学校不能帮助儿童发现他们经验的重要意义，如果学校不以此作为自己的重要使命，那么教育便会沦为对儿童的操纵，使他们成为没有思想、盲目昏聩之人。

另一方面，如果儿童渴望获得意义，并有权要求从教育中获得意义，我们就应该利用那些合理的刺激来帮助他们获得学习的意义。没有人愿意待在一个长期"无利可图"的机构，而儿童最想从学校获得的"利"就是学习的意义。需要明确的是，**不是学校的本质定义了教育，而是教育的本质定义了学校。不是只有学校才能提供教育，任何帮助人们发现生活意义的事物都有教育的意义，学校只有在切实促进意义的发现时才具有教育意义。**

发　　现

强调"发现"是必然的。信息可以被传播，教义可以被灌输，情感可以被分享，但意义必须主动发现。一个人不能把意义"给"另一个人。作家可以写一本书供他人阅读，不同读者会从这本书中收获不同的意义，但是读者所获得的意义不一定就是作者想表达的意图。教科书的编写者常常以为，他们在教材中所表达的意图会自动传递给学生，实际上却并非如此，很多学生几乎无法领会到。

假如你参加了一场讨论会，从中深受启发并发表了一些相关观点。事后当你被问到有关此次讨论会的情况时，你可能仅仅会重述自己发表过的观点。很明显，你的这种回应并没有全面客观地描述讨论会的整体情况，甚至可能是片面的，尽管你可能已经对整个讨论情景进行了回忆。人往往不自觉地将自己的观点看作是整个讨论会的要点，并基于自己的观点来评价这场讨论会。我们一定都有过这样的体会：一般在讨论之后，我们往往会对自己说过的话或发表过的观点反复回味。这些话就是我们自己从会议中获得的意义，这些意义不完全是"主观的"，因为它们不仅来自于我们自己

（或者说我们的"头脑"），还来自于整个讨论的过程。

儿童也是如此。他们渴望得到的意义，必须通过亲自参与讨论和实践去寻找。获得意义只是一个开始，因为**意义被发现后，还必须得到"关照"和"培育"**，就像人们照顾自己家的花草或宠物。如果儿童不能很好地理解自己生活的意义，会觉得眼前的世界陌生、支离破碎、令人困惑。面对这些问题，有些人可能会寻求某种"捷径"，甚至可能会尝试毒品或者患上精神病。或许，我们可以通过对他们进行教育——帮助他们找到生活中缺失的意义——以避免他们误入歧途。

挫　折

实验研究人员在进行实验时，有时会给动物制造一些挫折感。如果要进行一次类似的教育实验，那么他们可能要将受试者孤立起来，保证受试者之间没有任何联系——让儿童不得不独自完成一项艰难的任务，从而使得他们感受到不同程度的挫败感。但是，这样一个假设与现实情况有什么差异呢？是否能够充分证明教育必然是一个从整体到部分、从一般到特殊、从全面到具体的过程，而不是相反的过程？

儿童渴望自己的一生可以拥有**丰富而有意义的经历**。他们期待的不只是拥有和分享，而是有意义地拥有和分享；他们渴望的不仅是喜欢和爱，而是有意义地去喜欢和爱；孩子们不是不想学习，而是想要有意义地去学习。人们总是认为儿童喜欢刺激和兴奋，会沉迷于电视难以自拔，但却忽略了这样一个事实：无论电视剧多么遭人诟病，它至少是以戏剧整体的形式呈现的，而不是那种令人费解、支离破碎、晦涩难懂的片段。电视剧的教育意义可能十分肤浅，但总比没有任何意义要好。这只不过是成年人错误理解儿童的众多例子之一,还有很多其他误解,比如把孩子看作是异想天开、反复无常的捣蛋鬼,却不知那是他们在进行探索;认为孩子鲁莽草率,却不知那是一种可贵的冒险精神;认为孩子总是犹豫不决、优柔寡断,却不知他们需要比成人更多的时间来权衡利弊;认为孩子总是不合逻辑,却不知那是对冲突和模棱两可的特有敏感;认为孩子缺乏理智,却不知他们是在维护自我的完整性。

有意义的经验

除非能够给儿童的校内和校外经历赋予一定的教育意义,否则任何教育计划都是不合格的。这是我们评估教育计划的一个重要标准——**意义来自于对部分与整体、手段与目的关系的认知**。教育将各部分内容展现给学生,同时承诺提供一个由各部分组成的整体,就好像是在拼图模型的基础上建立了一个教育系统。这样做也不是不可以,但这仅限于那些少数喜欢拼图的人。与此同时,如果只强调教育计划的目的而不说明达到目的的手段,这样的计划则毫无意义。而且,即使具体说明了目的和手段,但却不思考这种手段可能会产生的意外后果——导致计划产生出有违初衷的意义——这也是极不负责的。

部分与整体的关系体现着意义,例如,游戏中某个环节对于整个游戏的意义,句子中一个词语对于整个句子的意义,或者电影中一个情节对于整部电影的意义。由于这种意义是通过对关系的认知而获得的,所以这种意义通常被称为"内在"意义,如果没有关系则意味着无意义。在手段与目的的关系中,当手段以一种外在的或工具性的方式来实现目的时,**外在意义**就出现了。比如,在火灾现场,当场发现的汽油就具有"外在"意义;劳动和工资也是这种关系(劳动是为了获得工资,但仅为获得工资而劳动是缺乏意义的)。

教科书单纯以传授知识为目的,所以它们只具有外在意义。我们必须对教科书提出这样两个问题:(1)是否达到了预期目标?(2)是否产生了意料之外的、适得其反的后果?对此需要展开具体分析。举个例子,对于一个学习积极性很高的学生来说,单纯讲知识的教科书可能是有用的,并且不会让他感受到太多学习的困难。但对于那些缺乏动机的学生来说,他们很可能对教科书反应冷淡,甚至非常厌恶。单一的实用性往往具有很少的内在意义:牙病患者自然知晓牙钻的工具性价值,但并不意味着患者就会喜欢它。当知识如同一剂苦药那样难以下咽,人们却还要求那些本来学习动机就弱的学生出于"单纯热爱知识本身"而学习(仅仅告诉他们知识在将来的某天是有用的),这种方式是不可原谅的。

儿童不会否认教科书将来有一天会对自己有用处,就像不会否认难以下咽的药最终会治好病一样。但是人们并非生来就有未来意识,这种意识是成年人从过去的经验和验证中构建出来的。儿童很少会思考未来的事,他们只在乎当下的意义。他们喜爱充满意义的教育手段,如故事、游戏、讨论、令人信赖的人际关系,等等。所以,如果有一天那些单纯以传授知识为目的的教科书消亡了,这将是大快人心的事情。唯一令人遗憾的是,我们也不能要求这些教科书火速消失,因为消失的前提是得有深受儿童喜爱的全新教科书取而代之。

对探索的渴望

学习应该是一种充满发现的探索之旅,但教科书却将那些本该由孩子自己去发现的东西直接以文字的形式呈现给学生。**为什么儿童的学校生活不能是一场探险呢？它应该充满各种惊喜，充满对未知的兴奋和激动，充满诱人的谜团，以及令人着迷的解答和启发**。难道学校的生活非得将儿童"囚禁"起来吗？循规蹈矩显然是与探险精神截然相反的，遵守规定是永无止境、一成不变的，而探险则有开始、有过程、有结束。循规蹈矩本质上是没有意义的，人们遵守这些规则仅仅是为了获取它的外在价值，而探索本身就会令人感到高兴和满足。人们经常会沉浸在过去探险的回忆中，这些回忆包含着个人生命的神秘意义。循规蹈矩的学习往往要求死记硬背，而探险则充满了刺激的挑战和令人兴奋的不确定感，这才是儿童生活该有的样子。很明显，如果孩子们认为教育是探索冒险而不是墨守成规，那么逃学、青少年犯罪和在校不安定的表现都会大大减少。

如果儿童们对生活的期待能够被有意义、有条理地组织起来，这将是一件十分令人感动的事。随着时间的推移，孩子们会发现越来越多很难解释的现象，会意识到导致人际不信任的原因是非常复杂的。因此，需要帮助他们意识到社会中模棱两可、错综复杂的情况，并帮助他们获得应对这些情况的能力。倘若成人只对他们说一切都很简单，那只会使他们今后更容易产生不信任感。

至于家长方面，很少有家长关注儿童在学校生活中是否获得了意义。我们的文化强调父母从孩子的"成功"中获得更多的自尊，相应地，孩子的"失败"也会使父母的自尊受到削弱。父母经常会这样抱怨："在学校里老师难道没有教你任何东西吗？"他们的问题表达了他们的焦虑——担心孩子长大后会成为不负责任的人，从而给家庭带来耻辱。

学校在父母眼中的首要责任是什么呢？显然不是发展儿童的情感生活（这被认为是不太相关的），父母更关心学校是否提升了儿童的认知能力。

与其说家长对学校的期待是教育他们的孩子,不如说他们的期待是"给孩子的脑袋里塞满这些道理"。他们想当然地以为,长期的学校生活会把任性的孩子转变成负责任的成年人。大多数父母都会要求孩子学会读写算,很少有父母会要求学校训练孩子的推理能力。家长为什么不重视推理和概念的形成、证据的搜寻、信念的证实等技能呢?因为现在普遍流行的看法是:推理(以逻辑的形式)本身是不能或者不应该教给儿童的。此外,家长们基于这样一种错误的假设,认为数学等学科足以充分培养儿童的推理能力,甚至认为数学推理能力可以转化成逻辑或语言推理能力。

意义与理性

我们试图表明,无论从儿童的角度还是从父母的角度来看,教育都应该充满深思且明智合理。儿童希望通过教育获得意义,家长则希望教育能够增强儿童的理性。然而,当前的教育只会使双方都感到失望,儿童所接受的训练无法使他们具备适当的推理能力和判断能力,而他们在学校的种种经历也缺乏相互关联,致使他们无法从中获得大量丰富有趣的意义。

富有深思的教育不仅要在学业质量上有所保证,更要为学生提供学校之外的丰富体验。在此过程中,儿童除了获得内在的愉悦之外,还有其他益处。不应该忽视的是,发展儿童的智力可以极大地强化他们的自我概念,进而强化孩子的目标感和方向感。如果不帮助儿童发展他们的技能(将会使他们引以为豪),却只是告诫他们要为自己感到骄傲(塑造一个"积极的自我形象")是毫无意义的。同样,一味地向儿童保证他们具有人的尊严和价值,却不满足他们更直接、更明确的需要,这也是毫无意义的。儿童想要表达自己的独特经历和个性化观点,要实现这一点离不开成人的帮助。对于那些贫困家庭的儿童来说,开发其理智尤其重要,因为他们除了理智之外几乎没有其他任何资源可以利用,如果连自己的理智都不能得到很好的开发,他们还能依靠什么呢?

第二章 思维与学校课程

儿童对意义的渴望

我们所有人——不仅仅是儿童——都知道事物缺乏意义意味着什么。缺乏意义是一种令人非常不安的经历,远不只感到困惑那么简单。当我们感到困惑的时候,会猜测哪个答案可以帮助我们进行理解;但意义缺失则是一件可怕的事。当儿童坐在桌前,面对那些杂乱无章、毫无重点、与他们的生活没有关联的信息时,就相当于他们在经历无意义的情况,这会让他们不知所措。正在经历这些的儿童会尝试去寻找某种可能的线索。成年人在经历无意义的情况时,往往会转向占星术或其他"秘方"。儿童却根本不知道去哪里寻求帮助。每个儿童都被强制要求进入学校,其中不少孩子感到自己仿佛被囚禁于噩梦之中。

人们常常认为问题不在于教育,而在于家庭,认为许多儿童厌烦和冷漠的情绪是其家庭环境导致的。但如果是家庭的问题,那么小孩子们刚来到幼儿园时就会感到厌烦、缺乏兴趣。但事实则恰恰相反,**儿童刚上幼儿园时都目光炯炯、充满好奇、随时准备学习。而到了三年级左右,许多孩子的好奇心开始消散,到了中学时代,**他们感觉自己是被迫留在学校——不是因为这对他们有好处,而只是作为一种托管,目的是让他们晚点进入劳动力市场。当然，学校也不是完全没有乐趣的，学生在学校里可以认识朋友，与同龄人共享社交生活。如果学校生活能够更加丰富和有意义，孩子们也就不会讨厌他们的学校生活了。然而现实中，很多儿童都讨厌上学。

教育和意义之间的关系是不可分割的。哪里有意义，哪里就有教育。这可能发生在学校、家庭、教堂、运动场等儿童生活的任何场合。另一方面，学校与教育的关系也不是必然的，并非所有学校都在提供教育。只有那些真正将教育视为使命和宗旨的学校，才会致力于帮助儿童找到与其生活息息相关的意义。

意义不能被分配，不能直接给予或分发给儿童。意义只能靠自己来获得。面对天生具有好奇心并且渴望意义的儿童，我们必须学会通过创造条件和契机，使他们能够自己抓住线索并加以理解。很多老师会说他们已经在这样做了，这一点确实不假。但是教育的实际过程——从教师们在师范院校接受训练，到他们在课堂上进行讲课——并不是以这种方式运作的。因此，必须采取一些措施使儿童能够自己获取意义，仅仅通过学习成人的知识内容是无法真正获得意义的；必须教他们学会思考，特别是能够独立思考。思考是帮助人们获得意义的关键技能。

善于思考

当人处于舒适放松的状态时，脑海里会浮现一连串的想法，往往伴随着一系列图像，这会使他们集中注意力，他可能会对干扰他的人说："不要打断我，我在思考"——仿佛他在开车、购物、写信、看报纸或准备饭菜时没有思考一样。事实上，在任何做事或行动的过程中，人们都在思考：一个活生生的、行动的人时刻都处于思考之中。那么，为什么只有在放松地进行思考时，人们才会认为自己在思考呢？这样的错觉是如何产生的呢？

做一个类比，你正在看电影，但投影仪出了点问题，它开始变慢，慢到能观察到单独的帧幅，以至于运动的画面消失了，每帧都静止地呈现在你眼前。思考也是如此。当人们进行肢体活动或参与热烈的讨论时，思维的过程在迅速地进行着，以至于无法被特意地识别到。向朋友挥手告别或打开水龙头这样的动作如此紧密相连，如此迅速，以至于人们无法及时将想法从行动中分离出来。因此，人们在放松和静止时进行的思考并不是典型的思考，说明这个时候思维正在以沉重、笨拙的速度进行着，速度如此之慢，以至于人们能够识别出单个思绪。这种缓慢的情况不是思维的通常特征。

通过观察自己与他人对话的情况，可以更好地证明这一点。在对话中需要进行一系列大脑行为，聆听他人的评论，提取隐含的假设，总结对方想说（或未说）的内容，推测其所要表达的意图，设想自己应该如何做出回应，并通过何种回应方式来表达你的意图，决定如何进行评论（感叹、提问、讽刺地建议或改变主题），斟酌所用的词句，以此类推。由此可见，即使是最简单的问答交流，心灵活动也是十分剧烈的，涉及数量极多、速度极快的思考。但是我们的注意力都在所说的话上，以至于没有意识到这剧烈的思维活动，最多也只是意识到一个模糊的范围。

对话过程中，思维需要进行紧密的建构和组织，在写作过程中更是如此。在写作时，我们考虑的不仅仅是一个读者，而是许多可能的读者，必须预想读者对所写内容的各种可能反应。并且我们还需要关注文章的文体风格，在写作时需要进行大量思考，针对每个词句仔细推敲。

思维就如同呼吸和消化一样，是一个自然的过程，人人皆会思维。不幸的是，人们往往容易得出错误的结论，认为没有什么可以改善思维。人们感觉自己的思维已经是最好的了，不需要进行什么改善，正如觉得不需要改善自己的呼吸方式或消化方式一样。

然而事实并非如此。思考虽是自然的,但它也是一种可以不断完善的技能。思维方式有高效率的,也有低效率的。我们能够自信地这样说,是因为我们拥有一些标准,使我们能够区分高效思维和拙劣思维。**这些标准就是逻辑规则。通过这些规则,人们可以辨别有效推理和无效推理。**

有人建议让儿童学习逻辑,从而使他们能更有效地进行思考。但事情并没有这么简单,儿童在学习语言的同时,也在学习逻辑。逻辑规则,就像语法规则一样,是儿童在学习说话时所获得的。当我们告诉儿童,"如果你这样做,就会受到惩罚",便预设了他能够进行如下理解——"如果自己不想受到惩罚,就不应该这样做"。这种假设通常是正确的,年幼的儿童会认识到,否定结论就需要否定前提。虽然这是一个非常复杂的推理,但儿童在他们很小的时候就能够做到。

无效推论算不上好的思维,但它仍然是思维。不能得出恰当的结论、错误地定义和分类、不加批判地评估事实,这些都是思维的例子,但都是拙劣的思维。**教学最初阶段的任务,就是把已经开始思考的儿童转变为善于思考的儿童。**通过进行切实的思维技能训练,不仅能够让儿童有效地处理眼前的任务,比如解决一个问题或做出一个决定,而且还能够开发儿童的认知潜力,使他们将来更善于思考。**思维训练的目的不是把儿童培养成为哲学家或决策者,而是帮助他们成为更具有思想、更善于反思、考虑更周到和更通情达理之人。**当儿童变得更有判断力后,他们不仅对何时采取行动有更好的认知,而且对何时不该采取行动也有更好的认知。在处理问题时,他们会更加谨慎和全面地进行思考,决定应该推迟还是悬置这些问题,而不是莽撞行事。判断力将思维和行动连接起来,因此提高判断力是思维训练的主要目标之一。善于反思的儿童表现出良好的判断力,而具有良好判断力的孩子不太可能做出不恰当或轻率的行为。

把思维技能融入各个课程中,将会极大地提高儿童各方面的能力,使他们能够更好地做出联系和区分、进行定义和分类、客观和批判地评估信息、反思事实与价值之间的关系,区分主观的信念和逻辑上真实的存在。这些特定技能可以帮助儿童更好地倾听、更好地研究、更好地学习和更好地表达自己。因此,思维的技能会延伸到所有学术领域。

思维技能训练必须做到两个要求:**使儿童的思维更合乎逻辑和更有意义**。这两个要求是紧密相连的。一句话所蕴含的内容可以在很大程度上从逻辑中推断出来,因此,正确的推论能力对于儿童至关重要,该能力能够使他们在学校内外的活动中获得意义。儿童在进行阅读、感知或其他体验时,如果能够凭借逻辑或语言从这些体验中推断出更多的意义,他们就会感到更加满足并受到更大的裨益。

思维技能和基本技能

思维活动是丰富且多样的,有数学的思维、历史的思维、务实的思维、诗意的思维,还有阅读、写作、跳舞、游戏、言说时的思维。阅读和计算有时被称为"基本技能",它们能够激发和强化其他认知技能。但实际上,阅读和计算只是认知过程的两种表达方式,它们仍然是以相应的思维技能为基础的。从教育的角度来看,思维技能是基础性的,思维技能的提高具有举足轻重的作用。儿童思维技能的不断熟练,不仅表明了他们的成长,同时也说明了他们能力的增强。

在阅读中寻找意义

一种普遍的观点认为,在阅读上存在障碍的儿童很可能在思维上也面临困难。人们相信,改善这些儿童的阅读方式可能会改善他们的思维。但我们认为阅读和思维是相互依存、相互作用的。因此,帮助儿童改进思维也可以很好地促进他们阅读。

儿童阅读是非常重要的事情,不应该被忽视。基于阅读和思维相互依存的观点,我们需要关注儿童的阅读能力是否达到了理应达到的水平,还是他有相应的阅读能力却不喜欢阅读。

儿童为什么要进行阅读?其动力是什么?从中能够得到什么收获?这些问题的答案很明确——阅读就是为了获取意义。如果我们尝试阅读一本书,发现它是毫无意义的,我们就会把它扔到一边。儿童也会做同样的事情,如果无法从阅读中发现意义,他们就会放弃阅读。

儿童会寻找什么样的意义呢?他们渴望与自己的生活息息相关,并且能够给他们的生活带来启发的意义。在儿童的问题中,有一些问题是他们的成长过程中所特有的,其他的则是全人类所共有的。儿童会对这两类问题都感到好奇。他们想了解自我;想知道为什么每天都要上学;想知道世界是如何开始的,又会如何结束;想知道自己应该如何应对自己的欲望和情绪……

儿童往往不愿意谈论他们的问题,他们有时会把一些看法或问题看作是自己的隐私,对此成人应该予以尊重。但是,也有一些问题是儿童愿意公开讨论的,尤其如果这些问题是他们在自己生活中所遇到的。以"兄弟姐妹之间的竞争"为例,在同一个家庭中,如果儿童与其兄弟姐妹相处不好,他们是无法就冲突性问题展开讨论的。但如果换成是童话故事,如相处不和的姐妹公主,或者皇室中王子们的彼此竞争,他们就会喜欢阅读。不知何故,只要换成以"很久很久以前……"开头的故事,这些问题就可以被理解了。在童话故事的虚构情境中,兄弟姐妹之间的竞争问题可以被更客观地看待,就像荷马关于特洛伊战争的描述可以帮助希腊人更客观地看待自己。

因此,如果想让儿童对阅读有持续的兴趣,所阅读的内容就必须与儿童所关心的问题——他们生活中的重要事情——有意义地相关联。重要的不仅仅是将单词记住并说出,而是能够把握单词、短语和句子在语境的含义。

刚开始阅读的读者就必须学会寻找意义的关联——这通常很难精准地确定。一句话的字面意思很重要,但是,这句话所暗示或蕴含的意思,同样也非常重要。例如,一位学生的母亲对你说:"哦,我承认他的拼写不太好!"她在暗示什么?她是在暗示拼写不是那么重要吗?还是她儿子在某些其他科目上还不错?或者像这样说:"每个人都去参加派对!"从字面上看,它可能仅仅意味着"每个人都要去,所以我也要去"。也可能暗示每个"重要的"人都会去。如果是流着泪说的这句话,它可能意味着"其他人都要去,我为什么不能?"

为了发现文章段落中所蕴含的意义,孩子必须对意义变得敏锐,知道如何推断或提取它。推论就是从字面意义中推出其隐含或暗示的意义。如果有人说:"哦,你是挪威人,所以你一定喜欢雪!"你应该能够推断出他的假设是"所有挪威人都喜欢雪"。如果你读到"女性不准进入俱乐部",你应该可以推断出"男性可以进入"。或者,如果你知道今天是14号(星期二),那么就可以推断出明天是15号(星期三)。

在生活的每时每刻,人们都在进行推论。如果你在过马路时听到喇叭声,你就推断出有车来了;如果你看到一个残留着牛奶的空杯子,你就能推断出有人喝了一杯牛奶。正是凭借推论,人们可以从其所见、所听、所尝、所触、所嗅,以及其所想中推演出无数的意义。

自然地,儿童越是能够顺利地进行推论,他们从阅读中获得的意义就越多。这反过来会使他们更加喜欢阅读,对阅读的喜欢会促使他们进行更多的阅读——无论是为了娱乐、为了休闲,还是为了理解。

推理作为一项基本技能

思维与语言之间存在密切的关系,学习说话、学习思维和学习推理三者是相互联系的。这一观点的部分证据在于,儿童关于推理的学习需要通过掌握语言来实现。

儿童学习单词并将其组成合语法的句子,是一项伟大的成就。世界各地的儿童每天都以各种语言实现这一壮举,这是非比寻常的事情。除了能够出色地学习单词并将其组成句子,年纪很小的孩子还能够将自己的想法以合逻辑、合语法的方式表达出来,这是另一值得惊叹的成就。

显然,儿童具有天然的能力来组织他们的思想,并能够合乎语法和逻辑地讲话。但是,儿童需要受到必备的教育,以帮助他们区分什么是恰当地使用语言和不恰当地使用语言(如不合语法)。同样地,他们也需要受到教育,使他们区分严谨的推理和草率的推理。

人们会花很多时间来教育儿童,让他们能够辨别一篇散文的构思是优美的还是混乱的,或是区分出一个演算是正确的还是错误的,却几乎没有花时间来教儿童辨别一个推理是好的还是坏的。这并不是因为儿童不需要知道如何推理,或者缺乏学习推理的能力。而是因为成人通常对逻辑并不熟悉,也不好意思承认自己在推理时的困难。

我们一直强调,很多儿童阅读能力没有达到应有水平的原因之一,是人们没有教他们推理。**没有推理,他们便无法真正理解他们所阅读的内容。**

阅读是当下人们关注的焦点。批评者指责学校没有很好地教授阅读,于是学校就在阅读上投入越来越多的精力,但这又会影响其他教育目标的实现。将阅读本身作为一种目的,是一件令人觉得奇怪的事。曾几何时,它被认为只是一种手段。父母都希望孩子长大后成为有才智的人,为了更好地开发孩子的智力,还有什么比阅读更好的方法呢?但如果只强调阅读却忽略思维的训练,只会导致"盲目的努力"。

我们强调加强推理教学来提高儿童的阅读能力,并将阅读视为儿童思考的一种手段,而不是目的。我们认为,推理和阅读都是可以教授的技能,并且可以相互加强。虽然思维是否可教尚有争议,但肯定是值得鼓励的。在儿童推理过程中给予指导,会促进他们思维技艺的发展。

推理应该如何教呢?很多学校认为他们已经在教推理了,而且认为自己做得很好。为了证明这一点,他们举出了数学和语文课程。确实,强调算术和阅读可以促进良好的思维,但仅靠这些课程是不够的。某人可以加、减、乘、除,可以速览漫画书,但这并不意味着他可以清晰地进行推理,也不意味着他能够养成充分思考或独立判断的习惯。培养学生的推理,还需要一些其他的东西。

在我们的项目中,我们试图帮助儿童更好地进行思考,让他们能够敏锐地识别到那些错误的、草率的思维。我们给他们举了这样的例子:

我父亲在报纸上读到吸烟会致癌,所以他说他要放弃读报了。

每当我遇到埃莉诺时,我都会询问她对乔的看法,她都会非常难为情。天哪,她是不是喜欢上我了!

有人告诉我,世界上每五个出生的孩子里就有一个是中国人;我有三个兄弟,所以我想我们家的下一个孩子很可能会是东方人。

或者问他们一些荒谬的问题,例如:

什么时候直线是歪的？

为什么海豚是愚蠢的鱼？

是夏天热还是城里热？

儿童可以很容易地发现这些例子中的缺陷。但是他们需要在指导下才能对这些错误进行分析，这要求指导者接受过思维训练，并能够区分有效思考和无效思考。

显然，我们需要在不损害学科完整性的情况下，开发出有吸引力的方式，以此来促进儿童智力的发展。我们的工作要帮助儿童将以下二者关联起来：一方面是逻辑思维的结构，另一方面是生活中令人困惑的问题。需要让儿童明白，将思维融入学科中，会使学科学习变得十分令人愉快和富有成效。并让他们意识到，对重要问题进行推理是一种非常有益的经历，哪怕只是将问题阐述得更清晰一些，也会带来十分重要的启迪。

思维技能和其他学科

已有实验证明，教师经过训练后，以持续和严谨的方式将儿童引入哲学世界，可以对儿童的基本技能产生重大影响[1]。那么，当哲学融入其他学科时，能否产生明显的改变？

初中课程中最重要的两个领域是语言艺术和社会研究。对于这两个领域，儿童哲学都发挥着重要作用，借助儿童哲学，**不仅可以深入探究相关学科所预设的基本问题，而且可以培养学生的批判性习惯和探究方法，这对于**

---

[1] 参见附录B实验研究总结。

他们掌握该领域的知识是十分必要的。

在语言艺术中,人们已经开始注意到当前阅读教学中存在的明显问题,写作训练方式也令人感到不满。与此同时,学生意识不到文学传统与阅读写作技能之间的相关性。教师们抱怨学生学习动力不足,而学生则抱怨教师过分强调阅读和写作的技能,却无法将这些技能应用到他们的生活之中。

要提升学生的学习动机,方法之一是**使用小说而不是传统的课本教材**,小说的情节很容易得到学生的认同。例如这样一个小说情节,学生在写作时遇到了一个巨大的困难,而老师通过课堂讨论和针对性练习帮他解决了这个困难,小说的情节展示了这个困难是如何解决的。

当儿童被要求去做他们不理解的事情时,他们会十分抗拒。例如,要求他们必须写一首诗或一篇作文,这会让很多孩子感到恐惧。他们不明白为什么要这样做,也看不到所写的话题对于他们生活的意义。在常规语言艺术的课程之前或者同时,可以开设哲学课程用于探索这些话题。在哲学课程中,儿童可以讨论很多重要的话题,如写作好坏的标准、诗歌和散文的区别、经验和意义的关系、感觉和表达的关联、事实与虚构的区分、解释与描述的差异,等等。此外,儿童还可以探索那些关键的概念,如冒险、想象力、注意力、感知、定义、交流、可能性、意义、解放、惊喜和完美等。

讨论这些概念对孩子有什么好处呢?这些讨论本身并不能起什么作用。只有当这门课程能够促进儿童了解他们自己的生活情境,并帮助他们把握其生活情境与其所学文学技能之间的联系时,这些讨论才会起到重要的作用。如果文学和写作被视为只有成年人或天才儿童才能做的事情,这会让大多数学生感到陌生和疏远。因此,需要让学生学会享受文学作品,并能够与作者感同身受。

学生还必须看到,文学和思维之间不存在冲突。儿童往往认为诗歌只是记录了他人的情绪和感受,却不知道作者已将思想融入了诗歌中,从而分享给读者,读者可以重新演绎甚至进行自我理解。从儿童所写的作品中可以看出,他们很想表达自己的想法,并试图以文学形式表达他们对生活的信念。儿童哲学为这种表达提供了必要条件,使儿童的这种自然禀赋得以更好地发展。

在社会研究的课程中,鼓励儿童反思自己的生活状况是十分必要的,这也是社会研究应该发展的主要维度。但是通常社会研究课程往往只关注社会学和政治学方面,课堂讨论的内容一般涉及民主、社会、正义、无秩序、教育、财产、法律、犯罪、理想社会、分工、制度、传统、责任、权威和自由等概念。在很多儿童看来,社会研究课程就是一些资料的汇编,其所涉及的事件不可胜数且相互之间关系混乱、令人困惑。**哲学能够做的就是帮儿童形成清晰的思路,使他们更有信心地处理课程中的材料。**当儿童理解了社会所认可的理想、价值和标准,他们就可以去判断该社会中的一些机制和措施的有效性。如果只是鼓励他们去进行研究,却没有给他们批判性工具(使他们能够做出判断),也没有提供必要的视角和尺度(使他们能够对大量素材进行分析),他们就很难做出任何研究。

此外,这种方法还能够弥合社会与学校之间的鸿沟,将社会的各个机制与学生的学校生活联系起来。学生们往往认为他们所学习的内容、他们的生活、他们所处的社会三者之间是不相关的。因此,课程需要将这些因素有意义地结合起来,使儿童意识到自己在社会和政治中的存在。

对话与思维的关系

由于思维是个人内在的活动,因此往往被认为是神秘的、难以名状的。

思维不能直接观察,所以人们难以用一个明确的标准来区分好的思维和差的思维。

当思维被认为是一种纯粹的个人心灵活动时,对思维的改进就容易走向误区。例如,在考虑思维和对话的关系时,普遍的假设是反思引起对话,而事实恰恰相反,是对话引起了反思。当人们彼此进行对话时,他们需要进行大量的心灵活动,进行反思、聚焦问题、考虑替代方案、仔细聆听、注意定义和启示、设想其他选项,等等。如果对话从未发生,他们就不会进行这些活动。

我们可以自己回想一下,学校中最能激发思考的活动是什么?应该不是自习或讲座,也不是公开课或考试,而是与自己息息相关的重大问题的课堂讨论。在这些讨论之后,参与者反思他们自己说过的话以及还可能说的话,回忆其他人说过的话,并试图弄清楚他们这么说的理由。于是,**参与者在自己的思维过程中再现了课堂对话的结构和进程,从而使对话内化为思维。**

当我们内化对话时,我们不仅会重现他人所表达的想法,还会在自己的头脑中对这些观点做出回应。通过对话,我们了解到人们应该如何得出推论、确定假设、相互质疑、进行批判性的思想交流。在对话中,无效的推理会受到攻击和批评,无法蒙混过关。在讨论过程中,我们逐步养成了以批判性的态度来审视他人的话语,随后也会应用这种批判性的态度来反思自己的观点。一旦我们学会了批判性地审查他人的思维过程以及表达方式,就能够预想他人对我们的观点可能做出的回应。

形成探究共同体对于推进思维是至关重要的,这具有认知心理学、社会心理学的基础。在乔治·赫伯特·米德(George Herbert Meael)的著作《心灵、自我和社会》(*Mind,Self and Society*)以及列夫·维果茨基(Lev

Vygotsky)的著作《社会中的心智》(*Mind in Society*)中,你会找到很多来自哲学和心理学的证据,它们论证了思维是对话的内化。维果茨基清楚地认识到,将儿童独自一人解决问题与其在合作中解决问题这两种情况相比较,儿童表现出的解决问题的能力是有差异的。米德和维果茨基都强调建立探究共同体是必要的,因为这能够激励学生表现出更高水平的思考和行动。

这并不是说所有对话都是探究共同体的呈现。儿童在一起时经常会嬉笑打闹、喋喋不休、心不在焉或争抢发言。即使都按顺序发言,他们也经常不听取他人的意见,不会试图以他人的观点为基础进行延伸。就某些儿童而言,不管对话如何展开,他们只关心自己想要说的话,无法完全参与到共同体的探究中。如果儿童未能努力跟进对话,不能做出相关且有意义的贡献,他们也无法真正进入探究共同体之中。米德指出,单纯的模仿和真正的内化是有区别的。例如,当儿童刚进入幼儿园时,此时其他孩子正在玩一种游戏,新来的孩子可能会模仿他们的行为,但没有真正理解这个过程。只有当他们了解并内化游戏规则、每个参与者的角色以及整个游戏的意义时,他们才能真正理解这个过程。

为什么儿童会愿意参加一个有这样的规则和要求的团体呢?米德认为,儿童上学时已经具备了表达自我的社交冲动,只是在等待表达的机会而已。不是说要把儿童从野蛮人转变为社会人,因为他们本身已经是社会性的,只是需要一个适宜的环境,使他们能够建设性地表达出自己的这些社会性倾向。在课堂上经常沉默的儿童并不是不想说话,相反,他们只是担心自己的话会被他人所忽略。**如果课堂转变为真正的共同体,原本沉默的学生将找到机会发言,并受到其他成员的尊重,这样的话,他们就会走出自我防御的状态,积极参与到共同体的对话之中。**很多沉默寡言的儿童往往都有一个灿烂的梦想,那就是站在讲台上面向全班同学对某个重要问题侃侃而谈。

　　课堂讨论对于儿童进行学习探究具有十分重要的激励作用,但是一直以来都被低估。例如,老师为班级布置一个主题,要求第二天写一篇短文。但是儿童对特定主题的思考需要经历一个从口语表达到文字表达的过程。他们需要表达出自己的想法,听取他人的反馈,在小组讨论中进行检验,克服对错误或离题的担忧,从彼此的经验中相互学习,随着话题的深入展开,他们开始感到兴奋。直到那时,作业才开始对他们有吸引力。成年人可以在不与其他人讨论的情况下进行写作,或理解所读的内容,这种能力是他们长期教育的结果,但不应该认为儿童也是如此。对话是对经验进行加工处理的环节,它将那些原始粗糙的经验转化为成熟精确的表达。对儿童来说,对话过程是必不可少的。

　　教师需要牢记,阅读和言说之间以及写作和言说之间存在密切联系。此外,言说和倾听之间也存在一种紧密的关系,如果一个人不去倾听他人所表达的意思,而是去关注交流中那些不重要的部分,往往就会误解他人的观点。那些在对话中能够倾听别人提出的观点并理解其意义的人,往往在阅读中也更容易把握其中的意义。

善于思考重要的问题

　　哲学是一门强调逻辑性的学科,将卓越思维的标准引入思维训练过程,使学生可以从简单的思考转变为良好的思维。自公元前 6 世纪以来,哲学对那些人类生活中至关重要的或与人类知识紧密相关的概念进行着孜孜不倦的思考,包括正义、真理、善良、美丽、世界、个性、人格、时间、友谊、自由和集体等。在这些概念中,有些仍然不明确,有些还有待讨论。但它们体现了哲学家为了追求理智上的有序和清晰所做出的共同努力。如果没有这些概念来规范思绪，人们将很难理解自己的经验。文明与野蛮的关键区别在于，文明之人关心美与丑、好与坏、真与假、正义与非正义之间的差异。如果人类认为美的概念没有任何意义，就无法理解他们为什么执着于建设美丽的城市和美丽的艺术品。如果人类不相信正义，他们就不会努力创造更合理的社会组织形式。**哲学所探究的这些概念，有助于引导人们理解自己生活中的方方面面。儿童只有获得这些概念，才能真正理解他们生活中有关社会、审美和伦理方面的问题。**

有一种错误的观念，认为儿童们对哲学概念不感兴趣，而只想谈论一些琐碎或具体的事实。成年人往往认为孩子的好奇只是为了获得特定的信息，而不是理解事物之所以如此的根本原因。

不幸的是，哲学在传统上一直是成年人的专属，人们假设儿童不会对如此抽象的主题感兴趣，同时也认为儿童缺少处理专业哲学问题的能力。但事实是，哲学问题并不仅仅属于成年人，对哲学问题的处理也并非都要以专业技术来表述。哲学的奇妙就在于，任何年龄的人都可以反思和讨论哲学问题，并因此有所收获。儿童和成人一样，都对友谊或公平等概念感兴趣，并且儿童和成人一样，都认识到这些话题还需要进一步讨论。成人和儿童一起进行哲学探索，这是中小学哲学教育所取得的最令人鼓舞的成就之一。

要进行哲学式的思维训练，除了要推动儿童严谨地进行批判反思，还应该**鼓励他们丰富活跃地进行想象**。当儿童对事物展开讨论时，要鼓励他们探索事物的其他可能情况。不能给儿童留下这样的印象：事物只是如此，没有其他可能。即使存在某种事实，也要鼓励孩子去思考：如果事实不是这个样子，世界会是什么样子？这种思考会极大地增强他们独立思考和创造性思考的能力。

当今教育实践中的一个主要问题是，儿童所接受的教育缺乏整体性。**学生被给予的是一系列互不相关、相互分离的内容。**当他们上完数学课再来上语文课时，他们看不到这两门学科之间的联系，也看不到语文课与随后的社会课之间的联系，或者社会课与科学课之间的联系。

学校课程的这种分裂反映了经验的碎片化，这是现代生活的主要特征之一，是由于人类知识的巨大增长所导致的。当教育要向儿童传授知识时，必须由专家对之进行简化和分化。结果就是，每门学科都逐步自成一派，仅仅呈现某一特定领域的知识轮廓，却失去了与人类知识整体的联系。

这种专业化趋势在可预见的未来会更加明显，因此更需要在学校中建立连续性，通过某种方式将各个学科课程关联起来。一般而言，进行学科之间的整合是教师的责任，然而令人遗憾的是，大部分老师都没有受过跨学科整合的训练。因此，期望老师能够将各个学科关联起来是不切实际的。未受过相关培训的教师，很难发现语法、数学和逻辑之间的关联，也很难意识到自然科学和社会科学在方法上的连续性，或者无法把握关于社会生活的文学描述与社会学描述之间的关系。这对于专家来说都是有难度的，要求教师为儿童进行跨学科整合是不现实的。

每个学科最终都要意识到它与人类其他知识领域之间的联系。每个学科课程中都应该包含通往其他学科的桥梁，从而使儿童认识到人类知识之间的相互联系，而不是片面地空想。

因此，需要降低对教师进行跨学科整合的要求，可以将部分整合的任务转移到学生身上。**通过激发儿童天生的好奇心、调动他们探索自然整体的渴望、激活他们寻根究底的求知倾向，来推动对学科知识的整合。**不论他们提问的内容是在规定的学科范围之内的，还是之外的，都要给予重视。儿童有着充沛的动力和兴趣来追求理解上的统一性和完整性。因此，老师和学生在课程中都需要得到指导，从而帮助他们找到学科之间的关联。

那么，哲学如何帮助教师和学生发现学科之间的关联性呢？答案很明确：**如果说儿童在教育中的主要动力是他们的好奇心和求知欲，且如果哲学始终是一门提出问题的学科，那么哲学和儿童就是天生的盟友。哲学始终关注不同学科知识之间的相互联系，并且对于如何理解人类经验进行了更深入的追问。哲学能更好地将儿童与人类知识的整体联系起来，在这一点上，没有任何学科能比得上哲学。**

换句话说，**哲学使人机智灵活，使学生和教师能够克服现有课程的支离破碎和互不相关。哲学从诞生以来始终关注伦理道德、知识的本质以及存在的本质，这使哲学能够超越其他学科，同时又与各个学科所探索的主题紧密相关。**

哲学的特殊性在于，它追问人类知识的本质问题，并且同时与其他学科的非哲学题材相关。 物理、生物、数学、历史等学科是按照公认的知识分类方式所划分的，在讲授这些学科知识时，可以鼓励儿童提出这样的问题：什么是殖民主义？什么是引力？什么是长除法？

另一方面，哲学家提出形而上学、认识论、美学或伦理学的问题，这些问题直接跨越了不同的主题领域。当提问"什么是道德"时，这个问题涉及了科学、艺术、职业等人类活动的各个方面。同样，每个主题领域都具有审美的维度、认识论的维度、形而上学的维度。数学家可能认为儿童学习数学应该从简单的运算学起，但儿童可能会问老师"什么是数"，这是一个极其深刻的形而上学问题。历史老师想要讲授罗马帝国的历史，但儿童可能首先想知道"什么是历史"，如果没有得到回答，他们的疑虑会一直存在。类似的问题还有"什么是解释""什么是服从""什么是善"。如果教师希望让学生"了解事实"，那么他们就应该与儿童讨论"什么是事实"。每当儿童对主题的基本假设产生质疑时,他们就会提出形而上学的问题;每当他们想知道如何确切地认识事物时,他们就会提出认识论问题;每当他们想知道为什么父母或老师推荐阅读《汤姆索亚历险记》而不是《詹姆斯邦德》时,他们就会提出美学问题。

当然,在讨论"什么是数字"或"什么是事实"这些问题时,会遇到一系列争议。对于"历史是什么""解释是什么""思想是什么""个性是什么"这样的问题,人们也不完全清楚。对于这些无法轻易解决的问题,哲学始终进行着孜孜不倦的努力,并且通过不断地重新阐述和重新建构来进行解决。尽管哲学对这些问题也没有给出现成的答案,但不能因此就禁止儿童提出此类问题。这种提问代表着儿童对整体性和完整性的追求,表现出他们想要超越这些知识分类和理解限制的愿望。**系统地引导儿童进行哲学对话,可以激发他们的好奇心,使他们更加敏锐,从而实现对知识的深入理解。**否则,他们将只能被迫接受学校中过于专业化的、枯燥乏味的知识,而不是更加丰富、全面、提纲挈领的哲学洞见(从儿童的问题就可以看出他们更喜欢这些)。

儿童所提的问题往往范围广泛且内容深刻。例如,他们会提出"世界是如何开始的""万物是由什么组成的""人死后会怎样"这类具有深刻形而上学意义的问题。儿童们可以提出这样的问题,表明他们一开始就渴望得到全面的理解。因此,需要帮助他们掌握那些普遍性的概念来回应其问题,而不是轻视他们的能力。这也是"儿童哲学"方法所试图做的。因此,对于那些想要对生活的方方面面建立整体理解的人,就必然要学习哲学,哲学对他们将大有裨益。**老师需要承认并尊重儿童的这种对整体性的追求,并全力帮助他们发展其理智的灵活性和多样性。**儿童会尊重那些认真对待他们问题的老师,哪怕老师只是用另一个问题来回应他们的问题。例如,当学生问:"世界是由物质构成的吗?"老师可以问他:"你认为物质是什么?"当学生问:"世界是如何开始的?"老师可以反问:"你为何说它有一个开始?"如此一来,教师就如儿童一样,成为提问者和探索者。

当儿童问你"什么是死亡",你需要问自己"什么是生命"。当被问道:"什么是头脑",你需要问自己"什么是物质"。换句话说,对于每个单方面、局部性的问题,我们都应该从更丰富、更多元的视角去思考,从而给出更全面、更详尽的答案。

总而言之,碎片化和过度专业化是当前教育的通病。现在人们已经很清楚,那些专业的实践者是无法解决这些问题的,因为他们自己已经过于专业化,所以无法找到解决问题的方案。另一方面,要求教师来担负起学科整合与关联的任务也是不切实际的,他们未接受相关培训,看不到不同学科主题之间的连续性,也无法提出更具普遍性的问题。**哲学进入课堂之中,就是作为抵制教育过度专业化的一股力量。**哲学所探究的意义恰恰是儿童所珍视的,儿童自己就会愿意将哲学引入课堂。当然,**哲学能否进入课堂,取决于对教师的培训,要让教师不仅能够从哲学的高度理解自己所教的学科,同时还能系统地培养和发展学生的哲学追求。**

儿童需要全面的、多维度的思维能力。要想在教育的过程中实现这一目标,除了要为儿童的想象力提供挑战,为他们的智力发展提供空间;还要提供各种学科主题之间的路径,从而使各门课程得以整合和关联。这是通识教育的两个基本要求,而儿童哲学可以同时满足这两个要求。**一方面,它为儿童提供了发展思维和想象力所必需的工具;另一方面,它提供了各个学科主题相互迁移的模式,从而将学校里的各个学科相互关联起来。**

第三章　哲学：教育中丢失的维度

哲学始于好奇

日常生活中经常出现各种令人困惑的事情，作为成年人，我们已经对此司空见惯、不以为意。对于事情为何如此，许多人已经不再好奇，甚至已经开始坦然接受生活中那些费解和神秘的地方，并认为世界就是如此。

许多成年人不再好奇，因为他们觉得没有时间去好奇，或者是认为好奇是无益和徒劳的，他们认为再怎么反思，都无法改变事实。许多成年人从未体验过好奇和反思带给他们生活的改变，他们慢慢地变得不再质疑，停止了对意义的探寻，只是消极被动地接受。这给儿童做了不好的示范。

于是，这种对好奇的禁锢会一代一代传下来。不久的将来，现在上学的儿童也会成为父母。**如果我们能以某种方式保护好他们天生的好奇心、鼓励他们去寻找生活的意义以及呵护他们想要了解某事物的那份强烈渴望，那么他们就可以为后辈树立积极探求的榜样。**

在儿童生活的每时每刻，都会遇到令他们感到困惑或神秘的事件。比如当一个小女孩醒来时，发现她的母亲正在生她的气，而她却不知道自己做错了什么。在上学的路上，她可能会观察到更多她不明白的事情：消防站为什么降半旗，垃圾桶为什么在街上滚动，她认识的一些孩子为什么正在离开学校，一个街角为什么会被水淹没，等等。如果她有一个成年同伴，并愿意花时间解释这些事情的来龙去脉，这个孩子就会逐渐拼凑出对世界的更全面的理解。为儿童提供这种全面的认识正是教育的目的所在，其最重要的资源就是保持儿童持续而强烈的好奇心。

一般而言，那些令人捉摸不透的事情总会显得神秘而奇妙。比如魔术师的纸牌把戏，或者毛毛虫变成蝴蝶，或者舒伯特三重奏，又或者外太空的星体以及显微镜下病毒的活动。但不管它是什么，如果人们发现它是难以被解释的，就会倾向于称它为奇妙，并想要了解其中的奥秘。

很多事情令我们感到难以捉摸、充满神秘，因此我们感到世界是精彩奇妙的。你可能对遗传学了解得很多，但是当你照镜子时，遗传学的知识却起不了多少作用，看到镜子中的脸，你产生一个疑问——这张脸从何而来？又为何是这个样子？你对它有什么影响？我们在生活中经常遇到这样的问题。

儿童也经常会遇到这些问题。他们不仅对自己感到好奇，而且对世界感到好奇：世界从哪里来？它是如何变成现在的样子？我们能对世界产生多大影响？如果不是我们对世界产生影响，那么是谁？

孩子们看着自己的指甲，想知道它们是从哪里来的。像指甲这样的东西是如何从一个人的身体里长出来的？他们对自己身体的一切都很感兴趣。同样，蜗牛、地上的泥坑或者月亮表面的黑点，对儿童来说都是非常有趣的。然而，他们的心灵却被逐渐禁锢，他们会越发认为这些事情是理所当然的——从对一切都感到惊异到对一切都习以为常。

好奇与意义

为了消除我们的困惑，需要对那些令我们困惑的事作出解释。我们必须以某种方式解释它的背景以及它产生的条件,或者必须找到它所属的参考框架,因为只有当它是更大整体中有意义的一部分时,我们才可以理解它。

假如你计划和一些朋友一起去看电影,但你来得太晚了,只赶上最后一个场景,这让你感到完全不知所措。所以当灯光亮起时,你向朋友询问:"这是什么意思?怎么回事?"他们将之前的电影情节都告诉你,你就会突然感到最后那个场景变得有意义了。当你将其视为整体中的一部分时,它的意义对你来说就很清楚了。

但假设你根本没有迟到,准时到达,和朋友一起看完了整部电影。然而你感到这部电影从头到尾都不知所云,所以你问朋友,"这电影是什么意思?"不幸的是,他们也不理解。你看了整部电影,但并没有更大的参考框架来放置它。也就是说,由于缺乏能赋予它意义的更大背景,所以你只能尝试用它自己的术语来理解它。

由于孩子们缺少一个完整的背景来放置每一次的经历,于是每一次这样或那样的经历对他们来说都是神秘的、令人费解的。难怪孩子们对这个世界感到好奇!孩子们可以尝试通过三种方式来应对他们所遇到的奥秘或神奇。第一种是通过科学的方式进行说明;第二种是通过童话或故事的方式,提供象征性的解释;第三种是以哲学的方式进行阐述——以问题的形式。

科学的解释

科学的方法通常会暂时安抚儿童,但如果提供的解释只是部分的,他们理解的欲望将很难得到满足。当儿童问你"为什么水坑表面有彩虹?"你回答说:"因为水面上有一层油膜。"儿童听完可能不会再继续往下说了,但他的困惑却仍然存在：油膜与彩虹有什么关系？为什么一个会导致另一个？你没有真正解决他的问题，你只是暂时搁置了问题。

虽然你做的也没有错，但这种矫枉过正的解释会摧毁儿童的好奇心。所以，你应该帮助孩子们尽可能多地了解他们目前正在探索的问题，而不只是告诉他们过多的知识信息，因为这么做会损害他们的好奇心。

有人会说，年幼的儿童对科学的解释——特别是科学对事物原因做出的解释——并不感兴趣。儿童们想知道一切背后的目的，而不仅仅是其原因。当你和一个两岁的儿童议论天空有多美时，她可能会回答："是的，谁画的？"因为她见过人们把一件东西变成美的，以此类推，一定是有人出于同样的目的创造了天空——漂亮的东西都是由绘画者制作的——天空很漂亮，所以一定也是有人画出来的——这是她的推理。

如果你认为儿童追求解释只是想知道目的而不是原因，那你就错了。例如，一个小女孩问你哈密瓜上为什么有线条，而你开玩笑地说："那是为了告诉我们，从哪里切下去可以切出薄片。"她也许并不会把这句话当作一个玩笑，她可能会很认真地对待这件事。正如舒拉米斯·费尔斯通（Shulamith Firestone）所说的那样：小孩子也能推理，只不过他们缺乏足够的信息和经验而已。儿童相信了你的回答，但并不意味着她只想知道哈密瓜上线条的作用（即目的），她可能也在寻找问题的因果解释或科学答案。尽管她还不能区分按原因解释和按目的解释。

我们要尝试把自己放在儿童的位置上。假设有什么事难住了你，比如你的房子着火了，你想要一个解释。你可能会追究某些人的责任，例如纵火犯或者屋子里吸烟时睡着的人，或者你可能寻找物理原因，例如电线短路。但是，不管是有人故意纵火还是无意失火，你最希望了解火是如何烧起来的。儿童也是这样。他们想知道事情是如何发生的，所以他们会问为什么。

不必去猜测他们是在找寻科学的还是非科学的解释,他们可能并不知道其中的区别,他们只是在寻找一个让自己感到心安的解释而已。

他们对玩笑可能不会追问——除非你能以某种方式向他们传达你在开玩笑。儿童问你为什么有鼻子,而你回答说,"用来把我的眼镜架起来呀",孩子可能会大笑,但他的问题仍然没有得到真正的答案。或者,当孩子问:"为什么我们开车时月亮会跟着我们?"你回答说:"因为它喜欢我们。"你可能认为自己给了一个很幽默的回答,但其实回避了一个你无法回答却又不得不回答的问题,这样的回答无法满足孩子的好奇心。

象征性的解释

儿童们常常对世界充满好奇,虽然提供给他们关于事物的原因解释或目的解释可以部分地满足他们的好奇心,但他们想要知道更多。他们既想要知道实质性的解释,也想要象征性的解释。于是,他们将注意力转向了幻想、戏剧、童话和民间传说,转向了其他不同层次的艺术作品。

有一种由儿童自己创造的"文学",比如打油诗、谜语、顺口溜,看上去有点儿滑稽,甚至是些混乱无意义的句子。一代又一代的孩子们经历这种文化,领略其俏皮言语,然后继续传递,到青春期或成人时又将其完全忘却。

与儿童文学不同的是,它们不是成人为儿童们写的文学作品,而是儿童自己创造的。这是一个固有的喜剧视角,尽管其中包含了很多古怪之处乃至黑色幽默。奥佩(Opies)详细地展示了儿童民间传说的丰富性,而埃里克森(Erikson)则表明,儿童的表演和儿童的游戏体现了他们在努力适应自己的经验。

儿童文学一般是成人为儿童创作的,而不是儿童自己创作的,儿童文学是童话和神话的世界。童话故事的主题与人类(无论是儿童还是成人)的幻想密不可分,产生于人类的文明之中。美丽女孩的爱将野兽变回英俊的王子,英俊王子的吻将睡美人变成清醒的人;要么外表美丽但内心丑陋,要么外表丑陋但内心美丽。主题数不胜数,每个主题都有无限丰富的潜在空间可供挖掘。

值得注意的是,童话故事的作者都是成年人,每个成年人都是此类故事的潜在制造者。孩子们经常向成年人恳求:"给我讲个故事吧!"面对这样的恳求,谁能拒绝呢?

童话故事很有吸引力,一句"很久以前……",似乎就有着神奇的魔力,让儿童着迷,使其迫不及待地想听下去。然而,为孩子们编故事的父母往往沉溺于自己的想象,为自己的创造感到兴奋,却没有意识到我们在很大程度上剥夺了儿童们的想象和创造。

如果成人必须为儿童写作,那么他们应该恪守某种限度——不要影响对儿童的文字和描绘能力的解放。例如,我拒绝在我们所出版的儿童读物中加入插图,因为我认为这是儿童们应该为自己做的事情——在阅读和理解的过程中自己来想象画面。

当然,我们所出版的儿童读物也是成人创作的,这是事实。但我们强调:首先,成人激发儿童的潜能并没有错——但这种激发应该是启发性的,而不是灌输性的。**儿童读物要能够鼓励孩子的想象力,而不是代替孩子的想象力。**

其次,我们的目的不是创造不朽的儿童文学作品,而是启发儿童去思考。一旦达到这个目的,工具就可以消失了,就像火柴在点燃后就会自己熄灭一样。如果我们的思路是正确的,专业作家所写的童话和专业学者所写的教科书会逐步退出,被教师和孩子自己写的儿童读物所代替,这些读物体现了儿童在各个发展阶段所具有的想象力、洞察力和理解力。

想象并非专业的技术活儿。我们要鼓励儿童自己去思考、去创造,而不是替他们去思考和创造。成年人总是试图将自己创造的东西灌输给儿童,这种想法是有害的,非常不利于培养儿童的创造力。在我们发现能够让孩子独立思考的有效方法之前,我们至少可以为他们创作出能够激发创造力而不是削弱创造力的书。

哲学探究

最后,儿童还要寻求一种意义,这种意义既非实质性的(如科学解释),也不是象征性的(如童话),这是一种"哲学的"意义。你的孩子可以问很多类型的问题,其中有些问题就是哲学的问题,这些问题需要哲学的答案。很显然,要回答这样的问题并不容易,就像如果你没有学过算术,那么回答算术问题对你来说就绝非易事。

儿童经常提出一些哲学问题,这些问题往往可以分为三类:形而上学的、逻辑的、伦理学的。下面我们简单地讨论一下这三个方面的问题。

1. 形而上学问题

形而上学问题是非常宏大的问题,也是最难把握的。形而上学是广泛而全面的哲学,它涉及最具普遍性的问题。小孩子提出这么大的问题,往往让成人感到吃惊。的确,他们非常善于提出这样的问题。其实你小时候也曾提出过这样的问题,只是现在已经不记得了。

假如你问孩子一个简单的问题,"现在是什么时间",你希望得到一个简单的答案。但是孩子却会反问你:"时间是什么?"这是个非常令人惊叹的问题:"时间是什么?"这该怎么回答?叫孩子去请教圣·奥古斯丁或爱因斯坦?让孩子自己去读他们的著作?这都不现实。你回应说:"我没有问你时间是什么,我问的是现在是什么时间。"这样的回应可以让那个小家伙

"闭嘴",让你得到暂时的解脱。但是,你开始意识到一个孩子是多么难对付。

再比如,你问孩子从你家到杂货店之间的距离是多少。你提出了一个非常具体的问题,期望得到一个非常具体的答案,例如"四分之一英里"或"六个街区"之类的。但令你惊讶的是,他反问你"什么是距离?"他问的不是具体的距离,而是一般意义上的抽象距离。这就是一个哲学问题——准确地说,是形而上学问题。这种问题将普通的对话突然转变为具有高度概括性的对话,有着形而上学的典型特征。儿童可能已经向你提出(或正在悄悄地为你准备)形而上学问题,例如:

什么是空间?

什么是数字?

什么是物质?

什么是意识?

什么是可能性?

什么是真实?

什么是物体?

什么是自我?

什么是关系?

万物都有开始吗?

什么是死亡?

什么是生命?

什么是意义?

什么是价值?

这类问题之所以特别难回答，是因为它们涉及的概念非常广泛，以至于无法将它们归入任何一种分类中，因此很难把握。

通常情况下，当我们对术语进行定义时，需要确定该术语所属的更大的语境。例如，儿童要求你定义"人"。你可能会说人是一种"动物"。如果他们继续追问："人是哪种动物？"你可能会回答说"人是会思考的动物"或"人是会笑和会哭的动物"等答案。

但当你的学生问你，"什么是空间？"你很难找到比"空间"概念更大的语境，因此无法找到合适的语境来思考"空间"。像"时间"和"数字"这样的概念也是如此。所以这样的问题往往令人感到困难。

你可能会说，不能因为学生问了我无法回答的问题就证明他们是哲学家吧？他们自己也不知道他们在问形而上学的问题！

他们知道与否，这并不重要，重要的是他们在追求完整和全面的理解。虽然儿童天真幼稚且缺乏信息，但他们有自己寻求完整答案的方式。儿童要么不闻不问，一旦发问，他们就会追根究底。他们不只是想知道某一件事是如何开始的，还关心一切事物是如何开始的；他们不只想知道温度是多少，还会问什么是温度；他们不只关心何为更好或更坏，还想知道什么是完美。

下面是从六年级教室听到的关于"完美"的对话：

老师：如果就像托尼所说的那样，一切都像算术一样清晰和简单，那会怎样？

学生一：那就完美了！

学生二：但如果它是完美的，那么就什么都不需要做了！

学生三：如果无事可做，就会让人感到很无聊！

学生四：是的，如果一切都是完美的，也就意味着会有完美的傻瓜和完美的混乱……

你看，他们是多么快就达到了"完美"可能产生的结果！

2. 逻辑问题

逻辑问题通常与推理有关。在《哈利·斯托特迈尔的发现》中，儿童提出了很多合乎逻辑的问题："然后会怎样？""那么接下来呢？""根据已经知道的，我们能得出什么结论？"

逻辑推理随处可见。例如，当你在阅读"星期日关门"的标志时，你通过使用逻辑可以知道该地方从星期一到星期六是开放的；你根据"狗在叫"和"这只狗是西班牙猎犬"得出"西班牙猎犬在叫"，此时你就在使用逻辑。

逻辑与思维的关系，就像语法与语言的关系。语法规定了要遵守的规则，使人们能把话讲得更好；如果人们想正确有效地推理，需要根据逻辑确立标准。例如，"一致性"就是逻辑的标准之一。如果学生和你说自己已经做了家庭作业，然后又说自己还没有做，他就违反了一致性，从而自相矛盾。逻辑的功能在于，要求人们在思考、说话和行动中保持一致。

3. 伦理问题

"什么是好？""什么是正确？""什么是公平？"这些也都是儿童们想知道的。他们也许不会直接问你，甚至平常也不会讨论这些问题。但他们会问自己这样的问题。与学生一起进行哲学讨论，会让你发现他们和大多数成年人一样，都非常关心伦理问题。他们想知道什么事是重要的（从而值得追求），什么事是无关紧要的。

一般来说，当儿童想知道什么是正确的，他们不会费心问你，而是观察你的行为，然后进行模仿。假如你经常向儿童强调诚实的重要性，而他们也注意到你尊重他人的财物,他们会从你身上学到什么?至少是三件事:他们会告诫自己和他人相处应当诚实;他们将学会尊重他人的财物;他们还学会了行动要与言说保持一致,正如你所展现的。

但如果是另一种情况呢?你和学生们一起去旅行,在离开酒店时,他们注意到你把酒店的毛巾和烟灰缸塞进你的行李箱。学生会向你学习什么?也是三件事:他们会继续提倡诚实,但并不付诸行动,而且认为言行不一很正常。

理解一致性,对于培养儿童的道德品质十分重要。而要培养这种言行上的一致性,需要成人以身作则,向他们展示何为正确的行为,仅仅靠宣讲和说教是无效的。

逻辑能够向我们说明一致性的本质:什么是思想与其他思想一致;什么是思想与行动一致;什么是行动与其他行动一致。通过进行逻辑训练,可以培养儿童对于一致性的重视,这是培养儿童道德品质的基本条件。并且,进行逻辑训练也可以培养孩子们对合理推理的意识。这样一来,即使偶尔需要偏离一致性,孩子们也会认识到应该有充分的理由才能做出这样的偏离。

第四章　儿童哲学的教育预设

在中小学开设哲学课程具有开创性的意义。要想实现这　创举,需要哪些预设条件呢?现在我们将对这些预设进行探讨,这可以帮助我们重新认识教育和哲学之间的模糊关系。

是否应该为儿童青少年开设哲学课呢?过去人们普遍认为学生至少要中学以后才能够学习哲学,鼓励小学生进行哲学反思被认为是不切实际的。这些观点认为,哲学本身非常复杂,具有高度抽象性且沉闷枯燥,这对于儿童青少年来说是十分困难的,会使他们对哲学望而却步。因此,以往将哲学介绍给儿童青少年的工作仅仅局限于将哲学变得更简单、更容易接受。并且有很多人还认为,即便要为中学生提供哲学的内容,也应该主要面向那些聪明的学生。

这些体现了传统教育理论的主要预设。基于这种看法,学习过程只不过是前辈将人类的知识传授给后辈,就像鸟妈妈把嚼碎的食物放进嗷嗷待哺的小鸟嘴里　样。儿童哲学则强调另一种教育理论,即**教育过程必须能够激发学习者的思维**。恰当的历史教学会产生历史思维,恰当的数学教学能产生数学思维,那么恰当的哲学教学必然也会产生哲学思维,并且这些思维的获得与学习者的年龄无关。这里所说的哲学思维,一方面包含了对观念、逻辑论证和概念系统的理解和认识,另一方面意指一种对哲学概念的运用能力,从而能够自如地对概念进行分解并重新组合。

那些认为儿童哲学能够启发哲学思维的人普遍坚信,所有儿童都具有哲学思考的兴趣,并且也有能力这么做。然而,很多人受传统教育理论的影响,往往不愿意和儿童讨论哲学问题。确实,现实中很少有孩子愿意了解康德,哪怕是不那么晦涩难懂的亚里士多德的文章他们也不愿阅读。于是人们不可避免地得出一个推论,认为哲学这种逻辑严谨的思维方式与儿童那种肆无忌惮的自由思考之间存在着不可逾越的鸿沟。很明显,这种推论现在看来是经不起推敲的。

新的教育理念强调应用全新的方法来让儿童参与到各种哲学活动之中。儿童从很小的时候就已经开始对现象与本质、永恒与变化、统一与多样性等对立概念产生兴趣,哪怕他们还需要一二十年之后才能真正理解赫拉克利特或巴门尼德的思想。儿童说话往往只是只言片语,但却总是积极踊跃地参与课堂上的讨论,正是这种简单的表达更能激发起热烈、生动的对话。如果将哲学以严格的形式教给儿童,他们可能会感到厌烦,但如果通过将哲学思考嵌入儿童故事之中,他们可能会对此着迷。很多年轻人认为写一篇哲学论文是十分困难的,但如果让他们以诗歌的形式来表达哲学观念,他们会非常乐意地去完成。

儿童哲学教学有两个重要前提:**一个前提是,思考某个学科与运用该学科进行思考是截然不同的;另一个前提是,进行思考与自我反思之间是有区别的**(这种区别往往不太容易被察觉)。其中,后者是前者的一种体现,所以二者遵循着共同的逻辑标准。从广义上来说,思考是从前提中推出结论,那么,自我反思也就是从自己的思考前提出发推断出某种结论的过程。自我反思意味着要加强儿童对自己的兴趣和观点的关注,这是向儿童展示哲学魅力的先决条件,可以使他们发现自己的信念并为信念提供充分的理由,从自己的假设中推出结论，形成自己关于世界的看法，弄清楚自己的价值观，找到解释自己经验的独特方式。儿童哲学并不只是主张自我反思，同时也鼓励儿童获得一般性的推理技能，这对于自我反思来说是十分有帮助的，因此需要更加强调。不过，训练思考和训练自我反思对于儿童来说都是非常重要的。

儿童哲学需要一个多元化的课堂，才能得到蓬勃发展。在这样的课堂上，学生们可以讲述各种各样的生活方式和经历，明确地表达出他们看重的观点，使多元化的思维方式得到充分尊重，而不是被贬低。在哲学课堂上，尽管有些学生思维缓慢，但只要他们能够提出合理的观点，就可以与那些思维迅速、表达清晰的学生一样受到尊重；通过缜密分析得出结论的学生与那些凭直觉和推测直接喊出观点的学生一样会受到尊重（但根据不同的目标有所差别，例如在为自己的观点辩护时，前一种方式比后一种方式更值得鼓励）。这样一来，课堂上呈现多元的思维方式，加上丰富的背景、价值观和生活经验，十分有助于创建一个有活力的探究共同体。此外，共同探究被看作是独立思考的促进剂。如果对问题的不同解决方案能被大家公开接受，那么充满竞争的"火药味儿"就会减少，人们表达的不同观点都会受到欢迎。

实践儿童哲学的最大障碍之一，就是那些令人生畏的哲学术语。作为一名大学本科生或研究生，他们从事哲学活动需要掌握各种专业词汇（这些词汇被广泛使用了2500多年，并流传至今）。这些词汇具有非常强的权威，晦涩程度令人望而生畏，足以吓跑任何一个因好奇而翻开哲学书籍的孩子。正因为这个原因，儿童哲学需要避开这些专业的词汇，应该尽可能地鼓励孩子们使用日常语言，借助那些熟悉的术语和概念来进行哲学思考。

保持哲学的学科独立性

对于那些积极的改革者来说,他们常常会对应该做哪些任务以及各项任务的优先级感到犹豫不决。开设儿童哲学课程是一项非常具有创造性的教育实践,更会令人感到举棋不定。例如一些人主张,不论面对哪个年级的学生,都应该保证哲学作为一门独立学科的完整性。这种观点更加强调哲学固有的内在价值,坚持在课程体系中将哲学作为一门独立的学科加以引进和保持。另一些人则认为,哲学的价值在于提升现有课程中的思维水平,需要鼓励儿童在历史、政治、数学、语言艺术和科学方面有更深刻、更具批判性的思考,因而他们很重视哲学的工具性价值。

这两种主张都有价值,没必要非得在二者之间做出取舍,它们并不是水火不容的。对于那些强调把哲学作为一门独立学科教给儿童的人,他们承认哲学会不可避免地渗透到其他学科之中;而对于那些学会系统性思考并积极提问的孩子,他们也会非常自然地将所学到的思维和行为拓展到其他课程的学习中。当我们在谈论儿童哲学的前提预设时,应该认识到这两种主张都有其合理性。但将哲学作为一门完整学科引入中小学,这一主张受到了很多争议,因此在这里需要为它多说两句。每一门学科作为一个完整的体系,其内容本身就值得研究。比如建筑学,如果不把它作为一门独立完整的学科来教授,它固有的内在价值——空间中各种排列组合产生的乐趣——就会被人们忽略,建筑学这门学科的工具价值和实用价值都会大打折扣,也不会对人们的生活带来有意义的影响。哲学教学亦是如此。儿童的哲学实践可以采取多种形式,可以是随意的、自发的思想游戏,也可以是系统的、连贯的研究和构建。但无论采取何种形式,我们都应该鼓励儿童认真思考并努力感受智慧的魅力,否则,就是对教育的不负责任。

在那些强调哲学工具性的人中,有人认为,儿童哲学可以提高儿童在各个学科中的学习成绩。这种观点是否正确还有待教育实验来验证。但也有人表示在人文学科中进行这类实验有所不妥,他们认为人文学科并不需要通过提升其他学科的学习成绩来为自己辩护。文学的价值怎能通过科学和数学来证明呢?哲学亦如此,哲学是一门人文学科,学习哲学将带给人们丰富无尽的智慧,无需通过其他学科来证明。

但对于学校管理人员来说,这种观点往往缺乏说服力,因为他们需要有充分的理由才能决定新开哪些课程和削减哪些课程。如果想要把哲学融入现有的学校课程体系中,需要让学校管理者看到哲学确实能够对儿童的整体表现产生重要影响。那么,学习哲学是否能对儿童的阅读能力、推理能力和创造力产生影响呢?如果能的话,它会让儿童在对待自己、对待学习和对待同学的态度上产生怎样的变化?除非在这些问题上能看到显著成效,否则就不要指望学校管理人员能够允许哲学进入课堂。

将课堂转变为探究共同体

当孩子们受到鼓励进行哲学思考时,课堂就会转变为一个探究共同体。这个共同体对证据和理由持开放的态度,不断应用思维技能于探究过程之中。**这种共同体的探究过程一旦被内化,就会成为个人的反思习惯。**

相比于费心地设计一个开放的讨论环境,课堂探究共同体的组建更为重要。建立探究共同体的先决条件是:喜爱推理,相互尊重(学生之间与师生之间都要相互尊重),以及杜绝灌输。这些条件是哲学讨论的必然要求,也是哲学本身的一部分。因此,当课堂开始鼓励儿童进行哲学反思时,就会自然地转变为一个探究的共同体。

这并不是说儿童哲学要将教师和学生的作用划上等号。在日常的哲学探究过程中（比如课堂讨论时），**教师仍然发挥着不可替代的作用，对于探究的技能和流程具有一定的主导权和权威性。**教师必须确保共同体遵循恰当的探究流程，同时，还必须对学生隐含的各种观点持开放态度，并帮助学生清楚地表达这些观点，协助学生挖掘其观点的根据和想表达的真实意涵。此外，教师绝不能打断学生思考，要给予学生机会以让他们看到自己的想法所产生的结果。同样，教师不能为了让学生接受自己的观点，就去操纵他们的讨论，这是很不可取的行为。

教师要鼓励儿童独立地进行思考，这要求教师能够接受学生的各种观点。一些教育工作者可能会对此感到不可思议，认为教唆这种经过思考的"相对主义"是非常有害和极具破坏性的。他们认为，这种主张虽然打着"多元主义"的旗号，实际上会导致对抗，无法建立共识，难以实现同意和赞同，只会导致理智上的差异。这种看法是有问题的，没有意识到哲学实践的基本前提——持有不同意见是一种权利，而非一种义务。当然，反对的权利与同意的权利同样都很重要，追求一致的权利和追求理智多样性的权利应该得到同样的尊重。此外，在组织探究的过程中，**教师应该致力于在强调一致性的做法与鼓励追求答案多样性之间达成平衡。**

让学生掌握一定的工具以在哲学讨论中为自己进行辩护，这是教师的责任。教儿童学习逻辑，不仅能促使他们自己严谨地进行思考，还能够促使他们的对手也严谨地进行思考。教师应该确保为学生提供一个哲学概念的武器库，当学生在与比他修辞或逻辑能力更强的对手讨论问题时，他们能够有效地进行应对。举个例子，在讨论某个形而上学的问题时，有人提议由大家投票表决，而同学们也无人反对，那么教师此时该如何处理呢？在这种情况下，教师有充分的理由质疑将投票用于判断哲学问题的适当性。换言之，当同学们的对话不能顺利进行时，教师需要介入，并引入一些哲学方面的思考，以确保探究的持续推进。

师资与课程

进行哲学引导要求教师掌握一定的技能和机敏的应变能力，那么现有的小学教师是否能够胜任这样的工作呢？除了极少数的例外，大多数小学老师都做不到。如果没有适当的培训，大多数教师根本应付不了严谨的逻辑问题、敏感的伦理学问题，以及复杂的形而上学问题。当然，这不是说教师现有的教学水平无法通过培训获得提升。教师具有成为哲学教师的智力和潜力，但问题是，现有的教师培训计划完全没有涉及这方面的内容和训练。尽管教师有时会在培训时接受一些教育哲学的课程，甚至还可能修习逻辑学或哲学课程，但这些课程本身不能教会教师如何鼓励儿童进行哲学思考。大学的哲学课程并不能告诉教师如何才能将那些晦涩难懂的哲学概念介绍给儿童。除非教师能够获得关于实践方法的训练，使他们能够将这些方法应用于课堂教学之中，否则他们所学的这一切都派不上用场。如果期望教师进行对话教学，那么必须让他们亲自参与到哲学对话中来，并向其示范如何以哲学的方式促进讨论；如果期望教师能够引导学生提出质疑的行为，那么他们也必须在培训过程中看到这方面的示范；如果期望教师能够教会学生掌握推理，那么教师必须首先在推理方面得到训练。最重要的是，教师如果要引导学生关注探究的过程，就必须使他们自己也尊重探究的过程。

显而易见，为了保证儿童哲学课堂教学的有效开展，教师接受的培训内容应该与他们未来在学校中使用的课程材料具有相关性,而且教师要比儿童学习得更深入才行。教师对于逻辑和哲学中的精妙细节及其复杂性要有深入的掌握,尽管不一定要在课堂上将其表现出来。如果教师对于哲学的材料不熟悉,自然就不能很好地鼓励儿童进行哲学思考,这一问题将全部成为他们的负担,但事实上这一艰巨任务也不应由教师独自面对。

此外,由于哲学的许多方面都涉及价值判断与道德标准(这对于儿童十分重要),因此我们在制定儿童哲学教学计划时必然要将道德教育包括在内。而将道德教育放入儿童哲学教学中,需要以伦理探究的形式进行。我们不仅要鼓励学生表达他们的信念,而且要引导他们讨论和分析这些信念,思考他们坚持或反对这些信念的理由,直到他们自己能够得出更充分、更有说服力的价值判断。这种探究会让学生权衡一种价值观何以优于另一种价值观,还会促进儿童去研究他们在选择标准时所依据的标准。在传统伦理课程中,儿童往往被灌输成人的道德观点,而比这更有意义的做法应该是:**让儿童自己进入实践之中,为自己是否接受或拒绝某个道德信念寻找充分的理由,训练他们能够发现争论中的矛盾之处,使他们明白理论和实践之间的关联。**

哲学教育中必然包括伦理道德的维度。反之,如果想要进行道德教育却不让孩子接触哲学,这种做法也是不可行的。对伦理道德的探究必然涉及逻辑(如一致性或同一性)、形而上学(如个人概念和群体概念)、美学(如部分与整体关系)以及一系列认识论的思考。孩子们天生喜欢做游戏,对他们来说理解游戏规则是很容易的。因此在哲学课堂上,我们可以借助游戏规则的运作方式,来帮助儿童理解道德规范的运作方式。另外,儿童对于道德形象的认识很大程度上会受故事里各种角色的影响,比如圣人和英雄。如果我们不希望他们肤浅地崇拜某一角色,而是能够明白为何要向故事里的角色学习,那么哲学就是他们理解圣人和英雄精神的最佳切入点。总之,如果没有哲学的帮助,孩子们很难理解成人的那些伦理道德概念。

  要开设儿童哲学课程还需要考虑社会环境的因素。什么样的社会环境是小学哲学课程成功的先决条件?而什么样的社会环境又会导致课程的失败?作为中小学儿童哲学的倡导者,需要提前了解其所处社会的价值观和期望。学习哲学的前提是要致力于开放性的探究,这样的探究也许在某些地方并不受欢迎,因此有人认为应该对儿童哲学项目加以限制。不过,这在很大程度上也只是时间问题,教育改革早晚会走到这一步。如果一个地区具有强烈的传统价值观,那么该地区可能就不是启动该项目的最佳选择。**因此,需要证明儿童哲学能够提高学生的学习成绩。**一旦证明了儿童哲学对提高成绩有好处,并且能打消家长们的顾虑(有些人担忧哲学会加剧亲子之间的紧张关系或打破父母的权威),那么将这样一个项目引入中小学的阻力将大为减少。那些固执的学校管理者和家长也承认:如果儿童哲学对教育毫无帮助的话,学校里也不会有它的位置。由此可见,儿童哲学还是得通过对学生产生的有益影响来证明自己的可行性和价值。

第二部分
儿童哲学的目标与方法

第五章 儿童哲学课程

课 程 概 述

哲学这门学科向来只在大学里开设,而今也要下沉至中小学教育阶段。为了实现这一目标,我们需要在教师培训和课程设计方面共同努力。关于教师培训方面将在下一章和附录 A 中讨论。现在,让我们先对儿童哲学课程有一个宏观的了解。

由于目前只有由儿童哲学发展研究所(Institute for the Advancement Philosophy for Children,IAPC)出版的一套儿童哲学教程,因此下面的讨论将以该课程为依据来进行说明和介绍。IAPC 项目发起于 1969 年,自 1974 年以来一直在稳步发展,目前在世界上已被数以千计的课堂选用和实施。研究现有的 IAPC 教程,有助于我们理解这个教程如何在不同学段发挥作用。

首先,让我们来看看如何将哲学教学贯穿于整个 K—12 年级阶段。

1—2 年级。这一阶段的教材由一个或多个故事以及教师手册(课堂活动和练习)组成,其重点是语言能力的获得,并特别注意儿童日常会话中已有的各种推理方式,同时也强调通过对话理解多种观点,增强感性认识,提高分类和区别的能力,以及思考情感的合理性。

3—4年级。这一阶段的教材由一篇哲学小说和教师手册组成。其重点与上一阶段一样,同时还为儿童进入下一阶段正式推理的学习打好基础,并对以下几个方面给予了较多的注意:语义和句法结构,如歧义、关系词等,以及抽象的哲学概念,如因果、时间、空间等。

5—6年级。这一阶段的教材由小说《哈利》和教师手册《哲学探究》组成,重点在于帮助学生掌握形式逻辑和非形式逻辑的推理。小说提供了对话的范例——儿童彼此进行对话,并且儿童与成人展开对话。故事围绕一个班的儿童展开,描绘了他们课内外的种种活动,这些活动是对孩子们思考和行动的再现。故事为我们勾画出一个小小的儿童共同体,在共同体中他们各有各的兴趣爱好,但能够互相尊重,常常共同进行探索。故事本身就呈现了一种非专断、非灌输的教育模式,它重视探究和推理,鼓励发展不同的思维方式和丰富的想象力,并为儿童互相学习提供支持。教师手册《哲学探究》阐述了小说每一章中的主要哲学思想,并为每个思想提供了各种练习和活动材料,以便教师在课堂上开展教学活动。这样一来,小说的哲学内容就通过讨论以及其他形式转化成实践活动,这些讨论和活动同样促进了探究共同体的形成,就像小说中所描述的那样。

6年级。本课程包括一部小说《托尼》,它探索了科学的潜在前提。只有通过对科学的基本前提进行讨论,孩子们才能认识到科学所能够实现的目标以及所能带来的好处。在讨论该小说时,学生们将探讨诸如客观性、预测、验证、测量、解释、描述和因果关系等概念。这些探讨将使学生更好地理解科学课程的内容,并推动他们从事科学探究。本课程将附有教师手册《科学探究》。

7—8年级。这一阶段的课程重点涉及伦理探究、语言艺术和社会研究三个基本的哲学研究方向,每个领域都有一本对应的小说和教师手册。七至九年级学生的伦理探究课程由小说《丽莎》和教师手册《伦理探究》组成。《丽莎》是《哈利》的续集,主要关注伦理和社会问题,如公平、自然、谎言与真相,以及规则和标准的本质等,此外该书还探讨了儿童权利、动物权利,以及工作和性别歧视等问题。《丽莎》关注的是逻辑和道德的相互关系,这一阶段的学习能够帮助学生为自己的信念进行辩护,以及为某些看似不合常理的行为做出合理解释。

9—10年级。《苏琪》这本小说里的主人公们依然是之前几部哲学小说中的孩子,只不过他们现在已是高一新生。面对散文和诗歌的写作任务,哈利抗议说他根本不会写作。这部小说由此开始探讨如何克服写作的障碍,开始对经验与意义、写作的评价标准、思维与写作的关系、定义的性质、手工艺与艺术的区别等问题进行了深入探讨。教师手册《写作:怎样做和为什么》则专注于讨论诗歌的写作,并附有大量的练习和活动材料。

小说《马克》虚构了一个发生在高二的班级故事——一个叫马克的人被指控破坏了公物。为了弄清楚到底是谁的责任,同学们意识到需要探究一些一般性的社会问题,如法律的功能、官僚的性质、犯罪在现代社会中的角色、个人的自由和不同的正义概念等。教师手册《社会探究》通过提供课堂活动和练习材料,帮助学生在课堂活动和实践中获得对上述概念进行理解。

11—12年级。这一阶段的课程包括一系列的方法,每一种方法都代表了哲学专业中更高阶的内容。该课程分别从伦理学、认识论、形而上学、美学和逻辑学领域,构建了五部独立的小说,每部小说都有自己的手册。每一项活动都将延续并强化儿童之前接受的哲学思维技能以及运用这些技能的能力。

儿童哲学的教育目的与教学目标

儿童哲学的主要目的是帮助**儿童学习如何独立思考**。要如何实现这一目的呢？通过为孩子们开设哲学思考课程，可以实现哪些具体的目标呢？

提高推理能力

1. 推理的起源

推理是一个非常广泛的话题，仅仅几段话难以尽述其内容。培养推理能力所带来的问题几乎和推理本身一样复杂。从某种意义上说，推理之于思想就如医药之于身体，二者都是治疗性的艺术，一个试图治愈头脑所受的伤害，另一个试图治愈身体所受的伤害。医学的历史跨越了几千年，人们用了大量时间来寻找针对特定疾病的特定疗法，到现在依然如此。比如这个部落(或"巫医")找到了某种解毒的方法，那个部落找到了可以预防疾病的药剂。成千上万年的经验积累，使得这些预防方法和治疗药剂不断涌现、融合。于是，作为一门系统学科的医学就此诞生了。

在古代，那些尚未开化的人们也已经意识到了，推理中出了错误，就如同身体生了病。如果他们没有这样的认识，如果他们不认为这两者都是可以补救的，又怎会超越野蛮、走向文明呢？但是这条路相当难走。他们可能已经意识到解决问题的正确方法是从原因着手，而非关注结果；正如他们可能意识到污垢会滋生感染，而清洁对于治愈伤口是必要的。于是，他们就会把这两个伟大的认识联系在一起：一边是伤口，另一边是造成这个伤口的刀。他们不仅会处理伤口，同时也会勤恳地擦洗刀子。

通往理性的道路并非坦途。推理中的一些错误，原始人会犯，文明人也经常会犯。然而,重要的是能坚持不断修正、不断改进,从而不断地发展进步。原始人逐步意识到正确推理与错误推理之间的区别,就像他们逐步意识到无毒的蘑菇和有毒的蘑菇之间的区别。我们这里说的不是形式逻辑的发明,形式逻辑只有几千年的历史。我们说的是人们经过漫长痛苦的历程才逐渐意识到,在倾听他人的意见时必须小心某些陷阱,正如猎人打猎时必须小心其他猎人设下的陷阱一样。事实上,原始人类的计谋并不仅仅用于诱捕猎物,他们也会用来战胜自己的同类,而这种狡猾的策略必然也会招来反击。我们在此所说的是那种被称为非形式逻辑的特殊形式,它诞生于原始人类试图清除无效的思维形式与导致失败的思维形式的过程中。

推理可能并非仅限于人类,但只有人类意识到了自己有发现、探索和推论的能力。人类发现自己有能力发明工具,这一发现是十分重要的,甚至比人类发明的工具本身还要重要得多。人们发明语言的价值或许不如他们利用语言来分析、讨论、反思和推测的价值,因为正是这些活动丰富和发展了人们所发明出的语言。

因此,我们称之为推理的内容中包含着自古以来代代相传的朴素劝诫——接受非权威人士的建议是危险的,轻信谄媚容易上当受骗,仅依据事情发生的先后次序来判断因果关系是错误的。原始人类有能力做出这样的判断:"你是一个优秀的渔夫,并不意味着你懂得如何捕猎野猪。"或者"你每天晚上都念咒语,并不意味着你能让星星在晚上出来。"甚至"你对我谄媚奉承,但这并不会让我听信于你。"如果没有那些在交谈时注重逻辑推理的原始人,今天的文明很可能不会存在。

这类知识的总和就是非形式逻辑推理(non-formal logic)。非形式逻辑推理反映出人们的这种追求——有些停留于表面的推理是不合理的,应该尽量避免。与其说非形式逻辑推理是对正确推理的推崇,不如说是对不正确推理的规避。它还指出，谬论就像礁石和沙洲，会让那些推理之船遭到搁浅。这些现象只出现在哲学的开端。

在生活中，相较于那些平淡无奇的东西，我们更容易被花里胡哨或五彩斑斓的事物所吸引。毫无疑问，相比于枯燥无味的逻辑，善恶对立或道德冲突更能给我们带来冲击。我们总是竖起耳朵听到"你不可以撒谎"这样的话，却忘了这种宽泛的禁令与人类对于话语的一致性需求有关。惨痛的经验教训会为进化中的人类提供足够的智慧，让他看到如果前后存在矛盾，就会有麻烦。一个人必须把自己所表述的内容弄清楚——也就是说，要与事实相符，而且各部分内容也要保持一致。道德学家可能会强调说谎是不道德的，民间传统可能会认为说谎是不明智的。从实践智慧的角度来看，自相矛盾显然是有害的，因而劝诫一个人不要撒谎。当然，道德的内容远比只从逻辑方面的考虑更为复杂，逻辑内容并不会涉及自我尊重和对他人尊重。但问题是，后者虽然十分有效，但并不像避免自相矛盾和保持一致性那样容易向儿童展示。**教育儿童相互尊重的最佳策略是让他们参与发现彼此优点的活动**，而不只是向他们进行解释或只是鼓励他们这样做。而一致性既可以被练习，也可以被说明。因此，在基础教育中强调道德的逻辑基础是十分重要的。

当然，可能会有人对于上述方法提出反对意见，比如有人认为这是一种功利性的权宜之计，只是为了让儿童快速掌握某些技能，而不是培养他们的性格、良心和责任。但需要认识到，通过规劝责任和良心来培养道德倾向，这种方式越来越无效。**要想培育道德品质，就必须以儿童的兴趣作为手段和材料。**

一致性是哲学教育所追求的特征之一，除此之外，还需要普遍性和重要性，从而可以帮助孩子看到事物之间的联系并作出区分。在带领儿童做分类训练时,实则是帮助他们对联系进行感知,并向他们展示出其日常行为是如何以这种分类为前提的。当我们鼓励他们说出某个东西不属于某个群体或类别以及相关的原因时,我们就是在帮助他们做出区分。

联系也可以被看作是关系,除了师生共处的班级关系外,还有另外两种关系在教育中具有重要意义,需要教师给予特别的关注。第一个是**因果关系**,第二个是**部分—整体关系**。遗憾的是,人们对科学过于重视,导致大部分注意力都放在了因果关系上,忽视了第二类关系。我们对智力概念的理解往往只涉及对实际现状的掌握,因果关系似乎最适合这种掌握。但是,智力不仅仅是感知事物的各部分之间的联系,同时还要感知各部分与其所属整体之间的联系;除此之外,智力还需要理解部分是如何构建整体的,同样,对整体的把握也会帮助人们更好地理解部分。学校里的每一节人文课都是这种智力的实验室,如果教育的目标之一是提升智力,那么我们就应该**将关于部分—整体关系的理解与关于因果关系的理解置于同样重要的地位**。正是因为哲学把两种形式的智力都视为同等重要(科学只强调一方面,艺术只强调另一方面),所以将哲学作为一种教育实践的方法论是极其有价值的。

2. 童年期的推理

想知道婴儿从什么时候开始推理是一个很难的问题,就像确定胚胎在什么时间成为一个人一样困难。想要解答这两个问题,需要能够确定发生重大变化的时间节点,然而我们对婴儿出生之前以及出生之后的生活知之甚少,因此很难明确说明婴儿是何时开始推理的。

我们可以说推理(reasoning)始于简单的推论(inference),但是要把人早期的推理行为和本能反应区分开来并不简单。古罗马作家塞克斯都·恩披里克(Sextus Empiricus)有一则轶事(当然是杜撰的),他说,如果狗跟着气味走到三岔路口,嗅到前面两条路都没有气味时,它就不会再去嗅有无气味,而是毫不犹豫地走向第三条路,因而狗也能做出判断。那么当婴儿去找母亲的乳房时,是否也是在做出推论呢?人们一般会认为这是种本能。但为什么不能是这么一个三段论的结论:过去乳房滋养了我——这是乳房——所以乳房是有营养的。此时,手指向乳房这一动作就是他推论的结论。的确,婴儿还不具备用语言来说明前提的能力,但这表明他们已经获得了一定的习惯,能够转化为这样的前提。换句话说,儿童在使用语言之前就已经能够进行归纳、演绎和思考了。语言的作用无非就是将行为符号化、形式化。

同样,一个简单的反例就足以让婴儿意识到某种(非语言的)习惯是不可行的。婴儿可能已经形成了一种对父母某种动作的习惯性反应,我们可以说,这种反应是一种信任反应。现在一个导致创伤的事件发生了,父母毫不在意地把孩子放在水温过高的浴缸里,这会导致婴儿极大地丧失对父母的信任。关于"可以相信父母"的判断不再正确,因此婴儿推论自己不该再对父母有信任反应。

显然,我们可以举出很多这样的例子,在这些例子中人们形成了特定的习惯,同时也会根据反例对其进行修改。人们可以探索心理联想的最初形式,或者探索儿童进行感知的倾向,所有这些都代表了儿童从"立即被给予"到"没有得到给予"而转变的方式。因此,所有这些都代表了推论的基础,亦即推理的基础。

但是,很可能会有人问,儿童到底什么时候开始能够进行哲学性的推理?因为尽管所有的哲学思维都涉及推理,但这并不意味着做出推理的人都进行了哲学思维。当孩子们开始问"为什么"的时候,他们就开始了哲学性的思考。

"为什么"是儿童最喜欢的一个词。然而,它的用法却一点也不简单。

"为什么"的问题起到了两个主要作用：一是引出因果关系的解释，二是确定目的。用因果关系解释某事物就是暗指引起该事物的条件，例如用昨晚的寒流来解释路上为何结冰，用火柴或者雷击来解释工厂起火的原因。确定目的就是询问一件事或一项活动是为何而做。修建桥梁是为了交通运输的便利；笔的作用是书写；在门上安装挡风条，是为了节省取暖燃料。

有些人会问：你选择做某件事是出于什么。回答这一问题，就要提供目的而不是原因。如果我们问一个纵火犯为什么放火，我们大概是在问他的理由。此时我们所获得的答案既可能是目的，也可能是原因。如果答案表明"他是一个无法自制的纵火狂"，那么我们得到了一个因果关系的解释，即原因。但如果答案表明"他为了拿到保险金故意纵火"，那么这个答案就是目的。

儿童对目的和原因都很感兴趣，他们提问"为什么"时，往往会把这两种用法混在一起，当然有时也会试图区分二者。因此，当儿童问"为什么会有冰雹"，老师也许会提供冰雹形成的气象解释，但这个孩子很可能是在寻找一个理由而不是一个解释。"冰雹是为了惩罚什么行为？"这可能才是他心中真正的疑问。当然，在其他情况下，可能会发生相反的情况。当他的鼓不见了，他就会期待一个因果关系的答案，而不是告诉他鼓被用来做什么了。

当我们试图教儿童区分"有意为之"和"纯属意外"的事情时，其实就是在帮助儿童区别目的和原因。我们要告诉儿童，他们要对有意去做的事情负责，而不是对意外发生的事情负责。意外事件可以通过原因来解释清楚，如果一个人被卷入了意外中，他就不需要通过说明自己的目的来为行为辩解。儿童也应该明白，如果一个人故意去做一些被明令禁止的行为，那必将遭受惩罚。

古代斯多葛学派的哲学家认为，人应该清楚地知道自己的能力边界。

因为我们无需对那些能力范围之外的事承担责任。在回答儿童的"为什么"问题时，也需要有这样的界限区分，从而确定什么时候该给出原因解释，什么时候该给出目的解释。

儿童很小的时候就开始问"为什么"，所以可以说，他们在很小的时候就开启了哲学思维。事实上，比起好奇心匮乏的成年人，年幼的孩子是如此执着于提问。我们可以认为随着年龄的增长，人的哲学思维反而会逐步下降，获得的知识越多、概念工具运用得越熟练，哲学思维活动反而越弱。

毫无疑问，随着年龄的增长，儿童完成教育实验者所设定任务的能力也不断提高：从相对简单的算术任务到比较复杂的任务，再到更为复杂的任务。由于实验者倾向于认为，智力的水平与完成这些任务的能力等级是匹配的，因此他们把成长看作是从孱弱到强大的直线发展过程，其他的损失则都不被考虑——**想象力的下降、对周围环境感知力的钝化以及对世界好奇心的消失，竟然不被认为是一种损失！** 在他们看来，成熟的标志就是能够很好地完成成年人该做的事。

人们通常认为，儿童是通过学习语言而成熟的，但他们忘记了如果婴儿没有习得和使用语言的强烈愿望，语言将是无用的。可以这么说，**儿童在习得语言的同时也习得了理性**。同理，如果他们没有运用推理能力进行发现并获取意义的愿望，那么无论获得再多的信息也将毫无用处。只有在儿童艺术领域，人们才承认儿童拥有对形式进行感知和组织的能力。可即便如此，人们还是倾向于认为儿童的这种能力会逐渐瓦解，直至完全丧失。当人们不把艺术视为一种理性的表现时，儿童的艺术能力会被认为与智力的增长无关，并且认为缺失这种能力也不会带来什么损失。

在我们的文化中，我们以回答问题的能力而不是提出问题的能力来定义智力，以解决问题的能力而不是认识、阐述问题的能力来定义智力。因此,哲学和童年被认为是相互排斥的。传统上,哲学被认为是成年人的"专利"。通过这种曲解,我们忽视了儿童表现出来的哲学推理能力,忽视了儿童在发展其哲学能力时所面临的挑战和需求。人们武断地得出结论:哲学本质上不适合儿童,儿童对哲学既没有天赋也没有兴趣。

事实上,人们似乎并不在意儿童是否会独立思考,因为人们判断儿童智力进步与否的依据是看他们"独立思考得出的东西"是否符合成年人的看法——也就是说,除非和成年人看待世界的观点一样,否则儿童的那些丰富且宝贵的看法就会遭到贬低和责难。在"道德发展"方面尤其如此。如果儿童的某些观念与成年人保持一致,就会被认为是道德思想的成熟。如果儿童的道德观念符合心理学测试的指标,就会得到更高的分数,反之,则会得到较低的分数。

有些儿童十分具有原创性和独立思考能力,他们可能会经常发表一些不怎么受欢迎的观点,甚至这些观点是明显错误的。我们纠正儿童的一个错误结论是很容易的,但要维持他们的原创性或是恢复已被抑制的原创性则难得多。

那些对哲学内涵和哲学原创性更敏感的成年人,他们会更重视培养孩子的思考力和洞察力。不久前,一位来自芝加哥、具有哲学背景的母亲说,当她让四岁的女儿关掉浴缸里的水时,孩子回答说:"别担心妈妈,水不会溢出来的,因为从水到浴缸边的空隙越来越少了。"任何熟悉哲学家芝诺的人都能意识到,这个女孩看待世界的方式是非常独特的,就像阿基里斯与乌龟的比喻[1]。这个孩子的结论是完全错误的,因为持续放水会导致水溢出浴缸。尽管如此,这依旧是一个有思想的创意。以这个小女孩的这一观点为

---

1 即阿基里斯悖论。

例,如果认真听的话,可能会引发关于自然演变规律的有趣讨论。

再来看一个例子。一位父亲转述他7岁儿子的话:"当我们死了以后,我们做梦就会梦见我们死了。"对于一个对哲学毫无兴趣的成年人来说,他会认为这个观点荒谬至极。然而,这句话极具形而上学的意蕴,表明孩子具有极其丰富的洞察力和强大的想象力。儿童通常不会系统地发展他们的直觉,老师应该鼓励儿童去探索他们直觉到的见解,这样一来,儿童那些藏于感知和直觉中的宝贵潜能才不会被扼杀。

不久前,我们在回顾课堂对话的录像带时,发现了两个十岁的男孩在讨论"人的存在"这一话题。一个男孩说:"正是我们的思想使我们成为现在这样的人。"另一个回答说:"不对。昨晚我梦见自己死了,但我还是在这儿啊。"后一个孩子的回答中蕴含着一个比他的实际表述更为系统化的观念。他的回答需要更进一步的阐述和解释。如果像前一个男孩所说的,"他"是"他的思想",当"他的思想"(梦中)认为作为个体的他已经死了,那么他一定真的死了。但实际上他现在还活着,尽管他曾经梦到过自己的死亡。所以他不可能只是他的思想。这里使用了一个重要的逻辑模式,即陈述一个假设(如果……那么……),然后否定其后面的部分,从而证明其前面的部分是错误的。

在五年级和六年级的课程中,我们提出了一个关于儿童权利的讨论,开头的问题是"你要求出生了吗?"这是许多儿童自己提出的问题。在课堂讨论时,我们将这个问题抛给学生,一开始他们可能会嘲笑这个问题——一个还没有出生的人怎么能要求出生呢?然后我们听到了其他的发言,暗示这个问题也许并不愚蠢。对于儿童们关心的问题,不应该没有经过认真讨论就直接驳回。

测量儿童智力往往是研究人员的工作,他们的测量方法是完全观察性的和分离的。通常,我们所测量的儿童能力是那些我们希望他们所具备的,而不是他们做自己的事情时所呈现的能力。我们给他们设定任务,然后考察他们的反应;然而,在他们看来,这些任务是可以避免的无关紧要的事情。如果只考察成人要求儿童做的那些事情,那么得出的测量结果就是不全面的,也无法说明儿童基于自己的兴趣和疑问所呈现的能力。哲学对儿童的好处是,它将教室转变为一个鼓励儿童提出自己的问题的论坛,这个论坛足够多样化,所以对儿童极具吸引力,不仅能够呈现儿童的智力方面,同时也能够呈现他们沉思和创造性的方面。成人的干预不应强求让儿童与成人的观点严格一致,而应通过使用(来自丰富哲学传统的)哲学技巧,促进儿童探索自己的思想和经验。

3. 推理和推论

对于小学生来说,要求他们透过现象做出准确的推理和判断是很难的,因为他们会在知觉推论、逻辑推论以及证据推论上遇到困难。

基于单一感知的推论。儿童很难从肉眼看到的表象得出推论,例如儿童很难意识到一个通常锁着的门被打开了有什么问题。儿童的感知是灵敏的,但很难得出明显的知觉判断。再比如,一个听力正常的儿童听到了汽车的鸣笛声,但他没有推断出这辆汽车正在向他驶来。事实上,这些困难也不仅仅出现在儿童身上,成年人有时也难以从其所见所闻或所尝所嗅中得出精准的推断。

逻辑推理方面的困难。儿童可能遇到的另一种困难是从一句或多句表述中得出推断。比如有人告诉儿童赤道的冬天从来都不冷,儿童仍然会觉得"去年冬天赤道地区格外冷"这句话没有什么错误。我们应该让儿童明白"有些人很高"这句话并不能推断出"所有人都很高"的结论。

基于复杂证据推论的困难。有时候一个人会面对各种各样的事实,比如一个孩子去其他国家看到了游行,见到人们拿着旗帜和横幅,正在演讲和唱歌,于是得出结论"这一定是这个国家的某种节日"。这是从各种观察中得到的推论,这种推论需要有综合的判断能力。

有上述推理困难的儿童也很可能在学业上遇到困难。比如一个阅读能力不错的孩子却难以从材料中得出推论,这就意味着他不能真正理解阅读内容。再比如,一个学生可以在实验室按照具体指示完成任务,但被问起做这些任务的意义时往往会不知所措——这是因为儿童虽然容易观察结果,但难以从结果逆推出原因。正如儿童可能会观察到大量相似的情境,但却无法总结出其中暗含着的某一规则或者法则。

这些儿童可能正在经历"推理障碍",这种障碍很可能无法通过重复训练或者记忆法则来解决。事实上,对于"推理障碍"这个问题并没有简单的解决办法,而促进思考的儿童哲学课程或许有助于缓解这一问题——通过创造一个鼓励儿童持续思考的环境,帮助他们参与推理过程。儿童哲学鼓励儿童做出更好的推论,帮助他们识别证据、认识明显错误的推论。如果儿童可以通过自己的经验意识到,推理能力的发展可以使他们看到字面或表象背后的道理,那么他们会获得巨大的成就感,从而爱上思考。然而,一旦囿于一些具体观念和语言表达时,他们就会不知所措,这种困扰很可能阻碍他们迈出第一步,无法超越具体的内容而开启真正的思考。由此可见,那种只强调内容而排斥探究过程的教学方法是极其短视的,对儿童来说百害而无一利。

发展创造力

传统教育持有这样一种偏见,要训练出严谨的逻辑能力,就要牺牲学生的想象力和创造力。这就好像是在说,为了培养儿童的逻辑能力,创造力和想象力就必须被压制。与此相反,儿童哲学课程认为:**创造性的活动可以促进逻辑思维的发展,并且逻辑能力的培养也有助于创造力的发展,二者是相辅相成的。**

在这套课程中,我们极力推荐各种具有创造性的活动:游戏、戏剧、木偶以及其他艺术形式。所有这些都会直接或间接地帮助儿童进行自我表达,同时也会鼓励他们去探索表达的意义以及各种其他可能的结果。

成年人总是低估社会环境对儿童的想象力和创造力的阻碍作用。当一个孩子对生活没有安全感、周围环境也不稳定时,我们还希望他能克服这些恶劣的环境并沉浸在漫无边际的幻想中,这显然是不切实际的。因此,任何一个每天都得面对贫困、犯罪和社会混乱等危险的儿童(包括贫民窟里的儿童在内),都不可能轻易摆脱这种现实带来的伤害,更不要说去享受童话故事的乐趣,或者想象一场冒险之旅。

过去,我们会把那些不合理的推论当作一个必须改正的错误,但我们没有意识到,在某些情况下,探讨这些不合理的推论实际上对儿童是有益的。这并不是在否认逻辑严谨的重要性,而是说,幻想和假设在某些情况下也非常适宜。例如,逻辑谬误可以鼓励儿童去设想一些并不存在的情况。从"所有的洋葱都是蔬菜"这一命题推断出"所有的蔬菜都是洋葱"在逻辑上显然是有问题的,但可以由此引导儿童去想象一个所有蔬菜都是洋葱的世界会是什么样子,他们可能会兴奋地在脑海中填补这个世界的细节:给胡萝卜去皮的时候眼睛会流泪,明明是在切土豆却闻到洋葱的味道,等等。很显然,这不仅解放了儿童的想象力,也释放了他们的创造力。

帮助儿童成长意味着在每个阶段都应该设置合适的挑战,而非只是鼓励他们发展逻辑能力。逻辑能力的发展当然很必要,但儿童的发展同样也依赖于他们的创造力。如果希望儿童能自己设置成长目标,就必须先让儿童自己能够想象未来想干什么、自己可能的样子。

个体性与社会性的成长

目前还并不清楚儿童哲学课程会对儿童的情感、兴趣、态度等其他方面产生何种影响。但从已经开展过的试点项目来看,这门课的课堂氛围明显和其他课不一样,学生在儿童哲学课上的精神状态非常好,这种状态会相互感染,使他们变得更乐于学习与分享,从而促进其他个体性方面的发展。当然,至于该课程能否显著提高学生的自信心、促进情感成熟和对自我的全面了解,则还需要做更多的调查。

对于大多数儿童来说,**哲学思维的提升主要是在人际讨论的过程中和讨论结束后的反思中实现的**。那些只是阅读哲学小说,但是没能与同学和老师进行表达和讨论的儿童,是无法体会到这本书中的哲学智慧的,因为这些智慧只能通过讨论获得。的确,大多数的小学教科书并没有"促进人际交往"的使命,但是《哈利》《托尼》《苏琪》《丽莎》《马克》则既可作为儿童读物,亦可作为讨论的素材。

事实上,这种讨论还会带来其他好处——特别是促进儿童对彼此的个性、兴趣、价值观、信仰与偏见的认识,有助于儿童敏感性的提高,这是课堂交流最有价值的部分之一。儿童只有充分观察与他们一起生活的人,才能对他们做出合理的判断。如果这些儿童对我们的社会规则并不敏感,他们不知道在什么时候使用这些规则,更不知道如何使用这些规则,那么硬把规则强加给他们,则是完全无济于事的。所以必须**要先培养和鼓励儿童人际交往方面的敏感性,这些都是儿童社会发展的先决条件**,如果不这样做,儿童人际交往方面的发展就会受到阻碍。另一方面,只有先培养出儿童的人际洞察力,才能指望儿童有健全的社会判断力,而这种洞察力往往来自于成功的哲学对话。

然而,如果证明儿童哲学课程能够提高儿童的敏感性和判断力,那么很有可能是因为这个课程不仅促进了儿童的发展,更培养了儿童自我发展的能力。教师在这一过程中的贡献是不可或缺的。任何生物都会经历一个成长的过程,但能力的成长离不开一位有爱心且知识渊博的教师的帮助;能力的发展并不是自然发生的,正如一个球在没有外力的情况下并不会开始滚动。所以必须以这样一种方式对待儿童:让他们的各种能力彼此强化、协同发展,而不是相互抵消,这远比单独发展某一能力更有好处。

道德的发展

关于道德与教育的关系,目前仍存有争论。有些人认为任何教育都应包括道德的内容;有些人则认为,教育者不应该尝试将道德引入课堂中,因为会导致灌输;还有一些人认为,良好的教育能够包含,而且应该包含部分道德教育。

道德和教育的问题以这样的方式呈现出来,我们不能简单地采取其中任何立场。这些观点都假定道德是由一系列道德原则和规则组成的。因此,这些争论可以归结为这样的分歧:"是否应该教授道德规则"或者"应该教授哪些道德规则"。从哲学的角度来看,培养道德应强调道德探究的方法,而不是探讨那些既定的道德原则和规则。哲学老师认为,让儿童对适用逻辑的问题进行逻辑推理,才真正有助于解决包括道德在内的许多问题。同样,哲学老师相信,如果不了解形而上学、认识论、美学以及人类经验的其他方面,只是单一地展开伦理探究是一种短视的、不合理的做法。此外,哲学老师总是关心和鼓励学生作出合理的道德判断,这就需要发展学生的道德敏感性、关心与关怀能力。因此,由于伦理学是在儿童哲学的背景下提出来的,其关心的重点不是灌输已有的道德规则或原则,而是**要让学生参加道德探究的具体实践**。

需要明确的是,我们始终强调帮助儿童认识道德判断的重要性,而不是迫使他们作出道德决定或者"推动"他们作出"更高水平"的道德决策。在我们看来,判断不过是道德个体在生活中的一个方面,因此这种判断必然会受到道德意识和道德智慧的约束。除此之外,一个有道德的人不仅仅要善于做出"正确"的判断,还知道什么时候不需要作出判断,并且避免在此情况下做出判断。

本书第九章和第十章对哲学与道德教育的关系做了更详尽的讨论。因为这个主题包含的内容很广,即使是用两个章节来论述也只能算作引言而已,我们希望这些内容能够为理解伦理问题带来一些启示。

发现生活经验的意义

曾有人指出,许多儿童并不喜欢他们的学校生活,认为这种生活"毫无意义"。事实上,很多成年人也觉得自己的生活"毫无意义"。那么怎么做才能帮助年轻人发现他们生活中的意义呢?请注意,我并没有说怎样才能"给予"意义。这是因为,儿童唯一会尊重的是那些他们从自己生活中获得的意义,而不是别人给予他们的。

发现意义的方式之一是发现事物间的联系。当一个人发现自己身体有一些严重的症状时,他未必知道这意味着什么;但当他知道这些是因为他在工厂接触到了某些毒药时,他才会反应过来,因为他知道了其中的联系。另一种情况是,当一个人发表自己的意见时,其他人未必知道他到底想表达什么,如果他告诉大家自己这样说的原因,其他人会更容易理解他所说的内容。再或者,当一个人被要求做一道选择题但只有一个选项时,此时的选择就毫无意义;如果他发现了其他选项,并且知晓了各个选项的联系和后果,那么他的选择就会有意义。也就是说,如果不知道某一事情的前因后果,这件事看起来就会无意义。试想一下,当你阅读一篇文章,只看到一个句子时会不知所云,但如果放在适当的段落中,就会明白它的意义。生活中的经验同样如此,如果能够帮助儿童发现经验中部分与整体的关系,就能够使他们意识到自己的所有经验都是有意义的。

我们可以尝试以下七种发现意义的做法:寻找多种可能;寻求公正性;认识一致性;为信念提供辩护理由;学会综合考虑问题;辨别不同情境;认识部分与整体的关系。

1. 寻找多种可能

儿童如何才能发现"唯一答案"之外的其他可能呢?如何让他们意识到自己现在的思考方式并不是唯一的思考方式呢?

要养成他们乐于接受批判的习惯,即尝试从观点的反面来思考,并假设它的正确性。比如,儿童看到太阳升起时可能会认为"太阳绕着地球转",那么,可以引导儿童思考这一观点的反面判断——"也许太阳不绕着地球转呢?"如果一个孩子认为"地球是平的",可以引导他考虑"地球不平"的可能性。也就是说,对于一个事实陈述的否定可能为真。

还有一个更简单的方法,即鼓励儿童去找某一活动或想法(还不是一个陈述,而仅仅只是一个想法)的反面表达。如"玩"的反面是"不玩","笑"的反面是"不笑",我们甚至可以说"椅子"的反面是"非椅子",或者"桌子"的反面是"非桌子"。

接受这种训练的儿童会慢慢意识到,当某些想法和与之相反的想法并列出现时,就会显示出一种可供选择的情况。比如说,一个孩子想到了"工作",反面就是"不工作",但是"不工作"还可能会被儿童理解为"在玩"。所以综合起来儿童就会有两种想法："工作"和"玩耍"，那么就会产生四种选择：(1) 既工作又玩耍；(2) 工作但不玩耍；(3) 玩耍但不工作；(4) 既不工作也不玩耍。他们很快就会发现，对于任何两个事物的想法，都能够按照上述思路发展出类似的四种选择，比如牛奶和软糖，或者鳄鱼和三角形，或者冰柱和蒲公英。

到目前为止，儿童只不过是模糊地意识到存在着多种选择，并没有充分认识到这些选择在现实中的可能性和可行性。当儿童想到"生病"和"饥饿"这一对概念时，只是模糊地意识到"生病但不饥饿""饥饿但不生病""既生病又饥饿""既不生病也不饥饿"这四种可能。如果你问他世界上是否有很多"既生病又饥饿"的人时，他可能会点头；但若问他其他三种情况是否可能时，他很可能会摇头；而当你问他"既不生病也不饥饿"的世界是否真的存在时，他会斩钉截铁地回答你："绝不可能！"可见，用儿童自己的逻辑做一个简单的演示就能够表明，那些即使此时此刻不存在、不可行或者不可能的事情，仍然具有可能性。

尽量考虑所有的可能性是学会发现更多选择的关键。其他的可能性倒也不用像前面的例子那么理想化。一个知道自己身体健康、能够吃饱饭的儿童可能从来没有思考过"吃得饱但是生病""健康但是饥饿"或者"又饥饿又生病"是什么滋味。如果有一家人正在组织一次度假旅行，当大人们正在商量是乘坐公交车还是火车时，受过儿童哲学思维训练的孩子可能会指出，可以一部分乘坐公交车一部分坐火车，或者还可以选择其他交通方式出发，比如坐飞机。总之，重要的是要**提供让儿童考虑其他情况的机会，使其逐渐找出那些容易被忽视的替代性方案**。

2. 寻求公正性

成年人的观点往往是有私心的，不够公正。比如我们会热情地为自己支持的球队加油，指责裁判偏袒对方。如果发生了意外，我们通常会认为自己是无辜的，罪责在对方。在政治上，通常自己所支持的候选人不会做错事，而他的对手所做的任何事都是错的。

这种偏袒本身其实并没有什么错。一个母亲偏袒自己的孩子有错吗？一个律师偏袒自己的客户有错吗？一个女生偏袒自己的男朋友有错吗？然而，有些情况下的偏袒是绝对错误的。我们不会希望一个法官表现出偏袒；我们也很难宽恕那些偏袒自己孩子的父母；如果有人同意调停一场争吵——不论是个人之间还是国家之间——那么这个调停者绝不能表现出一丝偏袒。因此，知道何时可以偏袒、何时应该保持公正是十分重要的。但问题是，偏袒对大多数人来说很容易，而公正则需要经过艰难的努力才能学会。

有一种情况尤其需要做到不偏不倚，那就是当你试图弄清楚某件事的来龙去脉。刚开始你试着以自己的角度去理解，很少会去注意别人的视角。比如说，一位朋友告诉你一项新的规定，但你认为这个规定很愚蠢，对这个规定感到很生气。刚开始你会表达自己的感受，但当你说出来之后，你开始倾听别人的意见。有些人可能同意你的观点，有些人可能不同意，你开始意识到也许自己对这条新规定的初步判断有点草率了，也许它还有某些你没意识到的优点，或者它可能比你一开始想得还要糟糕。但无论是哪种情况，你都借鉴了别人的看法，学会了结合自己和他人的观点去看问题。你开始尊重他人的意见，就像是尊重你自己的意见一样。此刻的你已经放弃自己原来的偏见判断，并能使自己作出更加客观、公正的新判断。

必须设法让儿童尽可能获得这种公正的体验。我们不能想当然地以为儿童天生就能做到客观和公正。如果能够设计一些情境来鼓励他们，他们都是可以做到的，他们可以尝试客观、公正地谈论自己的问题，他们的进步也会快得多。

下面是在六年级课堂上观察到的一段情景,可以说明儿童是如何理解公正的。

老师:丽莎和弗兰对哈利的态度一样吗?

男孩:丽莎讨厌哈利,但弗兰不。

老师:为什么丽莎讨厌他?

女孩:也许她只是不喜欢男孩。

老师:为什么这么说?

女孩:我不知道。也许她认为男孩总是声称自己比女孩做得好,但她并不认同这一点。

男孩:嗯,男孩就是比女孩好!

女孩:不,不是这样的。

老师:你们其他人怎么想?男孩比女孩好吗?不要所有人一起回答。

男孩:是啊,男孩比女孩好。

老师:你是说所有方面还是某些方面?

男孩:男孩在体育方面比女孩好。

女孩:在某些运动项目上,他们也许是比女孩好,但是也有些运动,比如排球,我们比他们强。

男孩:在女子的运动中,也有很多男孩比女孩更优秀。

女孩:也许有一些是,但是在大多数女孩的运动中,大多数女孩都是比大多数男孩更好。

男孩:好吧,但是在大多数男孩的运动中,大多数男孩都比大多数女孩更好。

老师：你是说有些女孩比大多数人都要好，甚至在男孩的运动方面？

男孩：有可能。

女孩：所以你之前说的不对，你刚才还说男孩比女孩好。

在这之后，对话转向了别的话题，但刚才的讨论让班上的所有人都明白了问题所在。一开始他们的话语非常笼统，男孩和女孩都对"所有男孩"和"所有女孩"进行了大量的分析，后来不得不开始接受例外的存在。渐渐地，双方开始对男孩和女孩的相对优势采取更实际、更客观、更公正的态度。他们比较彼此的态度和看法后，交换了意见，每个学生都采取了更为公正的立场，最终达成了一种共识。

3. 认识一致性

你肯定会觉得以下言论是非常愚蠢的："格利亚人很高大，以色列不是很大，所以格利亚人比以色列要大。"这个推理的明显错误在于"格利亚人比较大"是与其他人的体型相比，"以色列不是很大"是与其他国家的面积相比。所以这个"大"在每种情况下含义不同，这就导致了错误，说这句话的人不作区分地使用"大"这个词。

再来看个不一致的表达："没有人（man）能够永生，女人（woman）不是男人（man），因此，女人（woman）能够永生。"人（man）这个词语被前后不一地使用了。这句话先用"人（man）"表示所有的人类，后用它表示男人。所以这个推理是无效且不合逻辑的，其结论自然也是错误的。

现在我们再来考虑另一种不合逻辑的情况。假设有人作出一个笼统的声明，比如"上升的东西必定会下降"，但随后又补充说"当然我们把火箭发射到太空它就不会再下来"。他可能没有意识到第二个说法与第一个说法相悖。也就是说如果他的第二个称述是真的，那么他的第一个说法就一定是假的。一个人先表明一个看法,但又不坚持这一看法,那就犯了前后矛盾的错误。

这些案例说明了思考问题时的粗心大意。当意识到我们一直很草率地思考问题时(前后矛盾就是这种草率思维的表现之一),我们可能既感到可笑又感到羞愧。我们不会鼓励儿童在推理方面前后矛盾,正如我们不会鼓励他们在算术上犯错。试想一下,如果有一个人时而觉得4+5=9,时而又觉得4+5=17或者4+5=3,那后果会如何?尤其可以想象一下这个人是在管理你的银行账户。

在儿童很小的时候,我们就要引导他们谨慎用词,使他们明白一个词在不同的情况下有不同的意思。如果有人总是前后不一,可以要求他们解释这样做的原因。当他们发现找不到前后矛盾的理由后,他们就会认为这种做法不合理,从而会试着变合理。

另一个不一致的例子是下面这段话,摘自一位著名教育家的一篇新闻稿:

"尽管通货膨胀在高等教育领域造成了很多严重的问题,但也许还有一线希望。然而由于高昂的教育成本,许多贫困学生(poorer)无法上大学。但无论如何,大学一直在寻找摆脱差生(poorer)的方法,所以一切也许都会好起来的。"

显然,在这段话中,"poorer"的意思发生了变化。第一次使用"poorer"是意味着经济上的贫困,但第二次则是说学术上的贫困。毫无疑问,作者并不是在说大学应该淘汰掉那些经济条件差的学生,但是从他的文字中却容易得出这个错误的结论。

除了语言上的不一致外,语言、行为以及言行之间也会存在不一致。当一个老师一边说自己非常关心学生,一边在生活中却总是忽略学生;一个人为你打开一扇门,最后一刻又在你面前关上了,这就是言行之间或行为之间的不一致,这些类型的不一致可以通过语言的不一致显现出来。比如,我们可以用语言来描述"她既关心又不关心汤米";"他帮你开门了吗?""他有,但他没有"。通过帮助儿童识别语言上的不一致,能够使他们更容易地感知到行为之间的不一致。

当然,并非所有不一致都是令人不悦的。一个小丑把一只脚放在椅子上,然后却去系另一只鞋子的鞋带。喜剧作家的故事虽不一定真实,但通过前后矛盾逗乐了大家。自从哲学诞生以来,哲学家们就对"悖论"这种矛盾现象感到困惑。识别不一致很重要,但还需要懂得一致并不永远都是恰当的,要知道什么时候不一致是令人困惑的、具有误导性的,甚至是具有欺骗性的,什么时候又是有趣的或者深刻的。

4. 为信念提供辩护理由

假设你最近总是不能按时上学,因为你的闹钟坏了,或者电瓶车没电了。当校长问你明天早上能否准时参加集会时,你回答说:"没问题"。于是校长问你"为什么会自信地认为明天不会迟到?"你回答说:"因为我把闹钟修好了,车子也换了新的电池,我没有别的理由迟到了。"这个过程就是要求你为自己的信念做出辩护。

当然一般情况下,没有人会要求你为自己的信念提供理由。然而,有时候你也会不由自主地动摇曾经的信念。比如第二天早上,当你确信能够按时到达学校,却发现轮胎漏气了,那么你认为自己能够按时到达学校的信念就会动摇,因为你没有其他交通工具可用了。也就是说,你现在没有理由确信自己能够按时上班了,所以你就不能再继续相信这个信念。当然你可能会希望有人能够载你一程,但是也没有理由使你相信真有人会这么做。

你的许多行为和想法都取决于自己的信念。你每天上学是因为坚信学校一定会开门;你每天放学回家,也是相信家永远在那儿。正因为你相信事情会依旧那样,你就会做出很多习以为常的事情。

但是,这也解释了人的信念要尽可能有合理根据。检验信念的合理性有一个很好的方法,就是为信念提供理由或证据。你的信念是你整个人生观和生活方式的基础,谁会希望动摇自己的信念基础呢?

这么说吧,如果你计划买一栋房子,你肯定要到地下室看一看,因为你不希望这个漂亮的房子建在一个脆弱的地基上,如果到处都在渗水、砖块也在碎裂,那么你绝不会买它。你的"智力家园"也是如此,你希望它能建立在坚实的基础上——当你的信念体系健全的时候,你的智力家园才是稳固的。

这就是为什么我们鼓励儿童相互挑战对方的想法。一部分是出于好玩,一部分是出于竞争或者争论。就像所有游戏一样,总是需要存在一些看上去火药味十足但却非常有益的对话。这些对话不仅对被提问者有益,对提问者也是有益的。同时,这对那些旁观的人也是有帮助的,这会让他们去思考自己的信念是如何产生的。

永远都要记住,**儿童讲话是在行使自己表达的权利,同时坐在一旁专心听讲的儿童也是在行使他们倾听的权利**。如果你侵犯了演讲者的权利,让他保持沉默,那么你也同样侵犯了听众想要听下去的权利。当然,作为老师,只有你才能判断什么与课堂讨论有关,什么与课堂讨论无关。你应该毫不犹豫地制止一个坚持谈论无关话题的发言者。

简而言之,为信念提供明确的理由需要注意三点:首先,知道自己的信念是可靠的这一点很重要,因为你每天都是在基于信念行动。如果出现了什么问题,你需要检查自己所坚信的信念。其次,在讨论中,你的信念可能会受到很大挑战,你会被要求提供辩护的理由。要感谢这些挑战,你应该做好迎接这些挑战的准备。最后,你可能认为自己有一些很好的理由去支持某个信念,也许这些理由依旧不够。很难说到底需要多少理由才算够,但肯定是越多越好吧。

5. 学会综合考虑问题

一个人可能对某一问题有着正确的见解,但在另一问题上却偏见颇深,这些零碎的信念加起来也许没有任何意义。人们会希望自己有一套有组织的、完整的、系统的思想体系和价值观,这些思想和价值观以某种方式联系在一起,并能指导未来的行动。因此,必须鼓励年轻人热爱和尊重各种思想,使自己的思想合理、健全,还要看到不同思想之间是如何相互联系、相互融贯、相互支持的。只有这样,一个人才能够开始建立起一个稳固的思想体系。

教师在这方面可以起到相当重要的作用,他们清楚儿童普遍缺乏什么经验,而且还清楚事物之间的关联。因此,教师可以询问儿童是否能看到某些想法之间的联系,以此来引导他们,帮他们将自己的想法、生活中发生的事情以及自己所处的世界联系起来。教师可以为那些正在摸索的儿童提供指导和建议,将儿童的思想放在某种语境中,使他们的思想更有意义——因为一个观念所处的环境越全面,这个观念的意义就会越丰富。

教师还会注意到,学生对哲学小说中发生的每一个情节都有强烈的反应,这种强烈的反应有可能会阻碍他们对之前情节的回忆。所以教师可以通过提问,鼓励和帮助学生看到之前的情节和当前情节之间的联系。必须明白,**把现在、过去和将来联系在一起作为一个连续的整体来看待,非常有助于训练儿童发现恰当的自我概念。**

成年人应该意识到,成年人和儿童对于世界的体验是不同的。一个孩子通常感受到的是事件的整体,体验它是快乐或痛苦,友好或敌意,威胁或邀请。但是一般来说,儿童并不会对这种情况做过多的分析。另一方面,成年人已经学会了分析事物之间存在的关系和联系,他们也能区分出相互独立事件的不同特征。

因此,成年人认为,儿童应该学习他们那样的感知方式——关注不同的细节,直到能把事情一部分一部分地理清楚。但相反,儿童需要做的是对事物进行整体探索,发现它所包含的部分,然后再将它们相互分离,理解彼此之间的联系。成年人强调从部分开始直至实现对整体的理解,儿童则恰恰相反,他们是从整体开始,然后再分辨其组成部分。换句话说,儿童天生倾向于全面感知、认识事物整体,而不是分析和区别差异。教师要在儿童这种天生的整体感知的基础上,帮助他们发现整体的组成部分。

6. 辨别不同情境

最近,人们听到了很多关于教儿童如何做决定的说法,因为人们认为,至少在某些方面,儿童应该是有决断性的,就像警察队长、四分卫和企业高管一样做出决定。毫无疑问,在需要做出选择的情况下,儿童应该尽可能聪明地做出选择,他们需要有机会选择不同类型的游戏,或阅读不同类型的书籍,或探索不同类型的事物。如果不这样做,孩子就没有充分利用现有的机会。

另一方面,如果在最好选择继续等待并进一步观察的情况下,或者在还没掌握更多事实的情况下,就迫使孩子做出决定,那么孩子很可能因为过早决定而弊大于利。很多时候,孩子们看到面临的情况是如此地简略和缺乏细节,就会觉得很难在少量事实的基础上做出合理的决定。然而,据称儿童即使是被逼迫做出决定,也会得到决策方面的练习。但是,夸大决策的重要性,就会夸大结果而忽略过程。必须帮助儿童了解作出决定的情况,并正确解读这种情况的特点。如果儿童做到了这一点,他们可能会更容易做出选择,并且由于他们对形势的结构和要求有更好的理解,所做的决定肯定会更好。

在哲学思考中,有时会向孩子们展示一些道德情景的例子。例如,戴尔在是否向国旗敬礼的问题上产生了困惑,安把她的朋友苏琪当作一个有趣的东西带回家给她的父母,比尔·贝克向哈利扔了一块石头,丽莎指责米奇偷了一个公文包。但是,我们并没有问学生们,如果他们是书中的人物,他们会怎么做。相反,他们可以自由地讨论、分析、解释和探索这些道德困境的复杂性。通过这种方式,孩子们可以对书中的微妙情况和细微差别变得更加敏感,他们也能够更敏锐地意识到日常生活中事情的道德性质。

哲学并不是一种促进决策的自助课程。事实上,它可能会扩大可选择范围,从而使儿童更难做出决策,而不是只在两个行动方案之间做出决定。

除非儿童已经有了适当和充分的决策手段,否则强行让他们做决定,即使是人为的或理想化的决定,也会让他们感到沮丧,甚至是感到羞辱。当强迫儿童进入他们没有准备好的情境时,我们并没有提高他们的自尊,而是大大损害了他们的自尊。

那么,如何可以让儿童更好地做出道德判断呢?**需要培养儿童尊重彼此的观点、同情地认同他人的能力、对一致性的推理能力、想象其他可能性的能力、对人际关系中各种微小但重要因素的敏感性、对特定状况的独特性以及对什么是正确的感觉,即使面对过去类似的状况可能做出不同的对待。**除非儿童在这些方面的发展得到仔细的培养和鼓励,否则他们会发现道德情境会造成威胁或创伤,并且很可能不愿意去实践道德。

让孩子们表演(比如哑剧,可以具有无声电影的滑稽品质)可能是有效手段之一,诸如这样的情况:一个带着一群孩子上了一辆拥挤的公交汽车的女人和一个脾气暴躁的司机,或者麦当劳两个过度劳累的柜台服务员试图应付一群饥饿的学童;或者一群人对一个走钢丝的人(此时他感到身上瘙痒)的反应;又或者是这样的家庭生活:一个老师在家批改论文,而她的孩子在家里翻东西、看电视、抱怨着洗碗。有无数这样的情境可以即兴发挥,重要的是让孩子们认识到这些情境,把它们表演出来,而不强迫他们作出决定。如果必须作出决定,那就顺其自然,不要大惊小怪或者忸怩作态。简而言之,不要在是否决定上大做文章,而是鼓励孩子们参与到想象的情境中来,让他们为生活中的各种情境做好准备。**重点是让他们感知到情境的细微差别,而不是在每种情境中都做出选择。**

如果儿童已经发展出了分析辨别的能力,能够对情境的特征有深入的了解,对那些令人不满意的方面能够做出改善,并且有勇气去执行他们认为最合理、最可靠的方案。对于这样的儿童来说,他们不需要一种价值澄清或者帮助决策的课程,因为他们已经是有道德责任感的人了。

7. 认识部分与整体的关系

在学校的一天里,孩子们会认为许多方面都是非常有意义的。在那些具有强烈意义的事件中,最重要的往往是那些可以作为更大图景中一部分的事情。

比如,你在演戏时,台词只有寥寥几句,但你将自身的角色视为完整戏剧这个整体的组成部分,所以它对你来说非常重要。你的台词的意义取决于剧中其他演员的台词。你如此强烈地认识到了这一点,以至于你可能会去学整个戏剧,因为这样你就可以更充分地欣赏整体以及你在这个整体中作为一部分的意义。

假如你是学校棒球队的一员,你会为上场打击的那一刻而兴奋。但每个人都知道,独自一人拿着球棒站在场上是一种相当空虚的体验,而在一场群情振奋的比赛中拿起球棒则完全不同。每位选手都会观察其他选手的行为,所以每位选手都会与两支球队的其他队员发生共鸣。在场上击球的时候,你会感觉到外野手是如何"戏弄"你的,你会感觉到投手和捕手针对你的策略。与此同时,你的队友也在经历你的击球体验。你已经学会了感知他人对你的期望。从你的角色与比赛中每个人的关系以及角色和比赛本身的关系来看,你掌握了作为击球手的角色。

或者你是学校管弦乐队的成员。在学校演出中你的角色也许微不足道,却是不可或缺的。你的乐器也许只有一个音符要演奏,但如果你不演奏,整首乐曲就会严重缺失。演奏者、乐团的其他成员和观众都作为整体的一部分而参与进来,每项工作作为整体的一部分而有其意义。

因此,在学校里的每一天,会有许多情景能学习到部分与整体的关系。但不幸的是,也有很多时候,你所做的事情会脱离整体。这时你就无法理解自己在做什么,或者为什么要这样做。如果学校是一个融合良好的整体,则很少有这样的经历。你会明白自己所学的每个科目与整个教育的相关性,你会理解每个学习阶段对该科目整体学习的必要性。你会懂得智力活动和体力活动之间、纪律活动和创新活动之间、独自行动和群体合作之间、行动和反思之间交替进行的基本原理。

本章开头列出了四个目标:**推理能力的提高、创造力的发展、个人和人际关系的成长、对道德理解的发展**。深化对整体与部分关系的理解将有助于实现这四个目标。

(1)推理能力的发展。如果把推理当作是逻辑原则和规则来教授,那么它将是一门枯燥无味的学科,会让很多学生反感。但是,如果推理是在儿童小说的背景下进行的,或者所学的推理在生活大背景下被证明是有价值的,那么学习推理原则就会更有吸引力。这并不是说,将某种学科规则作为一种可以掌握的游戏来学习和应用是没有乐趣的。但对很多孩子来说,很难把逻辑学原理看成是一种游戏,这些孩子会发现学习逻辑很无趣。此外,当孩子们发现，在一门课上学到的推理知识可以延续到其他课程中，而且不仅仅限于某一学科领域，在操场上以及课后也和在课堂上一样有用，那么他们在学习推理时就会更加兴奋。

（2）创造力的发展。在美学意义上，对"关系"的定义就是部分与整体（或者部分与其他部分）的关系。从事艺术——也就是成为一件艺术作品的创造者——就是从事将部分组织成整体的工作。很显然，如果对艺术作品的这一基本特征不敏感，孩子的发展和创造力就会受到严重阻碍。应该强调的是，年龄比较小的孩子，即2—7岁的孩子，很擅长梳理部分和整体的关系，但不幸的是这种擅长在他们进入青春期前往往就会被瓦解。在后来的阶段中，对细节的挑剔导致了整体考虑的缺乏，而且往往缺乏比例感。人们将这种缺乏归咎于孩子们的头脑混乱——这种混乱来自于孩子们童年模式的丧失，或是青春期遇到的问题。如果孩子们在学校的日子充满了有意义的部分—整体关系，如果老师们在教学中特别注意碎片性的知识与孩子们所经历的大背景之间的关系，那么对部分—整体关系的理解可能会逐步积累而不是减少。

（3）个人和人际关系的成长。孩子们会对个人身份、生活事业、未来生活方式、家庭期望、同伴关系、对教育的矛盾心理等感到困惑，只有鼓励孩子对自己的生活展开反思和分析，这些困惑才能被消除。但是，如何做到这一点呢？如果儿童哲学只是一种逻辑或者批判性思维的课程，那么它显然不能帮助孩子们消除这些困惑。但儿童哲学远不止于此，它涉及儿童难以理解的问题和概念的对话，以及哲学家们所创造的其他观点。孩子们被告知要遵循自然，但什么是自然？他们被告知要做自己，但他们是谁？他们被鼓励学习和尊重社会习俗，但什么是习俗？

孩子们需要反思他们目前经历的关键方面。我们错误地认为，当孩子们遇到理解困难时，我们可以通过提供一些社会或个人行为的小诀窍来扫除孩子的困惑。成年人向儿童提供解释或者发布禁令，同时也理所当然地认为孩子们理解这些解释或者禁令中的术语和概念。但其实这并不能被视为理所当然。孩子们觉察到，那些成年人在展现世界观或指导儿童在这个世界中该如何行动时，所使用的语言和概念，恰恰构成了成年人世界观的隐秘部分。老一辈人希望年轻一代接受生活的哲学，但年轻一代对生活哲学所使用的术语是存疑的。这就是为什么孩子们想知道当成年人使用这个术语或者那个术语时，其意思是什么：他们不仅关心这些术语本身，而且关心这些术语中所蕴含的信念，如果没有进一步的解释，他们并不想采纳这些信念。**儿童哲学鼓励儿童自己思考，帮助他们发现自己的生活哲学。**在这一过程中，它还可以帮助儿童对自己的身份形成更好的把握。

（4）道德理解的发展。本节的开头谈到戏剧、棒球比赛和音乐表演中的部分—整体关系。在每一种情况下，都有一个关于在这种背景下行为正确与否的理解。戏剧的导演会反对演员对某句台词的解读："不，不行，这样根本不对！"棒球教练会向一个新手运动员解释挥棒时正确姿势和错误姿势的区别。管弦乐队的指挥会批评乐器演奏者对某段乐曲的演奏方式，之后指挥会针对一场表演作出评价："就是这样，这样就对了，现在你已经掌握了。"每个人都能理解并且把握使用"正确"这个词的恰当性。每种情况下，人们都明白，正确的东西本身并不是正确的，而是从它作为一个部分和整个环境之间的关系来看是正确的。

鼓励孩子们发展道德理解，我们必须帮助他们认识到他们要做的事情和事情所处环境之间的关系。应该鼓励他们去看待部分—整体的关系，因此，必须要让孩子们对道德的情境保持敏感，这样他就会在行动时意识到他们所做的事情是否合适。这种适当性，就好比戏剧、棒球比赛和音乐表演中所呈现的那样,可以被判断为在目前的情况下是"正确"的。进一步考虑某一行为的后果(对他人、对自己、对社会)可能会导致一个人改变自己最初的判断。但是**对道德状况总体的敏锐认识,以及对行动如何适应这种结构(如"正确"或"错误")的感觉,必须成为道德教育的主要目标之一**。儿童哲学课程强调,对于部分—整体关系的理解,能够有效地促进儿童作为一个道德个体的发展。

第六章 教学方法论：价值考量和实践标准

让儿童独立思考

对于老师来说，鼓励儿童用哲学方式进行思考不是一件容易的事。在很多方面，这种思考方式更像是一种艺术而非技术，一种可与指挥管弦乐队或导演戏剧相媲美的艺术。和其他艺术一样，哲学思考也需要长期的练习，因此教师不应指望在一开始就能看到立竿见影的效果。

要想成功地开展一门儿童哲学课程，需要非常关注材料内容的呈现顺序和引入时机。哲学教学首先要从学生那里引出主题，然后反复呈现给他们，并随着课堂讨论的推进将这些主题渗透于学生的讨论中。回顾整个儿童哲学的课程教材，就会发现其中的哲学主题会在之后反复出现，而且每次都较前一次更深入、更复杂、更广泛。这与传统的"原子式教学"是截然不同的，原子式教学往往每次讲授训练一个知识点，直至学生掌握，然后再转向新的教学内容。**哲学教学则是一种"有机的"教学法，一开始只是简单地触及一些哲学概念，然后通过对这些概念的反复讨论，逐步建立起更深入的理解。**

在《丽莎》《苏琪》《马克》《哈利》等系列教材中，我们可以看到这种"有机"的教学方法已根植于每一本小说。在这些虚构的作品中，主人公们通过自己的努力找到了推理法则，还发现了几个世纪前哲学家们留下的观点。他们通过将对话与反思相结合来进行各种发现，他们与同学、老师、父母、祖父母和亲戚开展对话，并对所谈论的内容进行反思，以此为载体来进行学习。这也正是现实中学生的学习方式——通过交谈和思考来学习。

但这并不意味着教师的角色是微不足道或无关紧要的，也不是说让儿童天天如此讨论小说就可以实现学习，更不是说知识已经以某种方式在"孩子们身上"了（只是等着知识自动"显现"）。事实上恰恰相反，我们认为哲学的学习主要是在儿童与其所处环境之间的互动中进行的——而该环境主要由实体教室、同伴、父母、亲戚、朋友、探究共同体的成员、媒介和老师组成。

在课堂上，只有教师才能够通过控制协调环境，来促进儿童们的哲学意识不断发展。也只有教师能够引出哲学小说中每个章节的哲学命题，能够指出学生课堂上未能识别的命题，能够在儿童遇到困难时将命题与他们的生活经验联系起来，能够通过日常事例阐明哲学是如何改变人们生活的——如何打开视野，使每天的生活都更有意义。此外，是老师通过提问引入各种不同的观点，不断地开阔学生的视野，制止他们的沾沾自喜或自以为是。从这个意义上说，**教师是一个牛虻，不断地刺激、鼓励学生主动提出自己的见解，适当补充他们的观点使其能完整表述，帮助他们对自己的前提假设进行质疑，以求获得更全面的结论**。为了取得成功，教师不仅需要懂得哲学，还必须知道如何适时地以一种质疑、好奇的方式教会儿童这些知识，从而使他们能够为自己的见解进行辩护。

儿童哲学项目的提出，是以一些关于心灵本质以及儿童如何学习的假设为前提的——不是将头脑看作一个空洞的、被动的容器，将"教育"等同于用信息或内容填满容器，而是强调儿童通过积极地参与探索来进行学习。此外，还主张知识不是简单地死记硬背，而是通过与环境互动和解决问题

(这些问题往往对儿童很重要)来掌握的。无论是弄清楚三段论还是处理人际冲突,当儿童能够通过讨论和行动表明他们可以将知识应用于自己正在做的事情时,这些知识才真正属于他们。如果只是可以说出知识但无法实际运用,那么这些知识还是外在于他们。如果将哲学简化为"谁何时说了什么"或"一种哲学观点与另一种哲学观点如何比较",甚至以此作为目的,那么哲学就是空洞的。**只有当儿童开始表现出独立思考的能力,并对生活的重要问题寻求自己的解答时,哲学才真正具有意义**。随着哲学为个体带来更好的生活——更丰富多彩和更有意义的生活——它在学校课程中的地位也会越来越重要。

要让儿童掌握真正的哲学思想,而不是只知道一些理论噱头。为此,儿童哲学课程**不会提到哲学家的名字**(尽管他们的思想肯定会被介绍),老师最好不要在课堂中使用这些名字。首先是要让他们能够结合自身经验来真正地理解这些思想,扩大自己的视野,能够以更全面的方式来理解自己和他人,然后让他们知道这些想法最初是源自哪个哲学家,才是有意义的。

哲学思维教学的条件

要让孩子们在课堂上积极参与哲学讨论,教师需要具备以下四个关键条件:**致力于哲学探究;避免灌输;尊重儿童的意见;获得儿童的信任**。

致力于哲学探究

儿童哲学绝非贬低教师作用,恰恰相反,儿童哲学的探究非常依赖于教师,特别是那些能理解儿童、对哲学问题敏感、能够在日常行为中积极投身哲学探究的教师——他们不是为了探究而探究,而是**将探究作为通向更好**

生活的手段。面对生活中的那些重要问题，如果教师能够孜孜不倦地进行探索，不断追求更全面的解答，他们便能够成为学生的榜样，成为儿童哲学中最重要的组成部分。教师的这些努力体现了他们的正直、对原则的坚守，以及言行一致。

要开展哲学教学，需要发现并密切关注儿童的想法，鼓励他们尽可能客观地用语言表达出自己的思考，帮助他们掌握反思思想的工具。这需要教师自身非常坚信这样做的意义和价值，否则他将无法胜任这一角色。**好的哲学老师必须具有对卓越思考、卓越创造的热爱**，只有这样，学生才能在哲学对话的过程中发现这些行为背后的价值。

请记住，教师应该鼓励儿童对探究过程本身感兴趣，无论是逻辑的、美学的、科学的还是道德的探究。让儿童最终能够区分教师个人的价值观和教师试图呈现的探究过程。不过教师有时也会感到迷惑，因此这是一个需要反复练习的过程。

避免灌输

教育的目标之一是将学生从毫不质疑、不加批判的心灵习惯中解放出来，从而更好地培养他们独立思考的能力，发现自己在世界中的定位，并能够建构自己的世界观。只有当儿童学会了充分利用自己的智力和创造力，他们才能做到真正地尊重自己。我们应该鼓励每个儿童发展和表达自己看待事物的方式。不同的儿童会有不同的价值观。如果这些价值观是他们深思熟虑获得的，如果他们能够考虑自己为什么会有这样的感受和思考方式，如果他们能够对自己的需求、兴趣和活动进行反思，那就说明哲学讨论对他们是确有帮助的。他们看待事物的方式是否相同并不重要，他们在哲学问题上与同学或老师观点不同也不是特别重要。最重要的是，他们能够更好地理解自己的想法,了解自己为什么会如此思考、感受和行动,以及懂得如何有效地进行推理。

没有任何一种学习能比哲学更有效地帮助儿童抵抗灌输。除了哲学,没有一门学科能在对儿童至关重要的问题上提供如此多的选择,也没有哪一门学科能更好地发展儿童独立判断的能力。哲学的力量和影响承载着巨大的责任。

无论是针对儿童还是成人,如果教师试图将其个人的价值观灌输到对方的头脑中,那么哲学课堂就不会成功。无论教师是否确信他的价值观是"正确的",只要他试图灌输,那就是对哲学的破坏。

另一方面,有些教师认为他们需要非常小心,尽量不要在教学中流露出自己的价值观,认为自己的教学必须保持"价值中立"。但这也是有问题的,老师可能会自欺欺人,也可能会欺骗他们的学生,因为没有哪个教育过程是完全没有价值倾向的。教师的价值观其实已经通过他们的语言和行为表现出来了,哪怕是声调、手势或面部表情的变化,以及他们上课或进行考试的方式,都体现着他们所认同的价值。因此,哲学教师所要时刻警惕的是,不要让儿童不加批判地接纳自己的价值观念。还得承认,儿童会崇拜那些社会经验丰富而深刻的人,教师的态度对于这些涉世未深的儿童来说很容易会产生巨大的影响。

参与哲学讨论的学生可以自由地坚持他们的价值立场,而不必争取教师的同意。如果教师坚持插入自己的观点,哪怕不是灌输,也是有风险的,可能会压抑讨论的气氛,从而导致讨论提前结束。只有当学生能够客观地看待教师的意见,而不是受压力所迫时,教师才可以在讨论中呈现自己的观点——前提是学生也想知道教师的观点是什么。

这时,就会出现这样一个问题。在哲学讨论中,教师能够要求学生思考时达到连贯性、一致性和全面性吗？有人可能会说："要求学生的思维应具有连贯性、一致性和全面性，这难道不是教师强加给学生的个人价值观吗？"这个问题可从两个方面来回应。

首先，强调连贯性、一致性和全面性是为了实现有效沟通和探究，它们只是对思考方式的一种必要规范，而非思考内容。因此，它们是一种程序性考虑，而非实质性考虑。

其次，在其他形式的儿童活动中，这些规则会是障碍而不是帮助。例如，儿童做游戏时不太需要连贯性和一致性，儿童在做家务时也不需要全面性。换句话说，连贯性、全面性和一致性是哲学讨论和探究的价值要求，在个人生活的其他很多方面并不适用，因为个人的生活中还有很多自发的、随机的或常规的行为。

然而，这仍然没有完全回答灌输和哲学之间的问题。另一个问题可能是："教孩子逻辑不就是灌输吗？"这样的要求确实涉及一定程度的风险。当然，在《哈利》和《丽莎》两册书中，除了涉及亚里士多德的逻辑，还涉及其他的形式逻辑，在这些小说和其他小说中也包括各种非形式逻辑的方法。学习逻辑的孩子并不一定就会得出正确的推理，因为逻辑对改善心理过程的帮助不大。**逻辑所能做的，是通过评估我们所做推论的标准，帮助我们区分好的推理和坏的推理。逻辑可能不会消除我们的错误，但可以帮助我们认识到错误。**

关于逻辑的标准是什么，也没有最终结论。它们与议会中为进行辩论而规定的辩论规则一样。众所周知，任何讨论都需要先达成一些基本规则，如"不允许进行无关谈话""不得阻挠""不得使用武力"等，否则课堂讨论将无法进行。同样，逻辑规则正是理性对话的前提和基本要求。

因此，不应将逻辑教学视为一种灌输，逻辑只是评估我们推论的工具。

正如语言的语法就是一种工具,使人们得以判断说得好或说得不好。坚持让孩子的思维合乎逻辑,就像坚持他们的讲话合乎语法一样——这显然不是灌输。此外,正如前文指出的那样,那些通常被认为无效的推理形式,有时也会蕴含一定的价值。正如小说家基于一定的考虑所选择的表达可能不合语法,诗人所选择的表达也可能不合逻辑。教师要向学生传达的是:在特定情况下,为了实现特定目的,合乎语法的讲话和合乎逻辑的思维都是有益的。

然而,可能会有人问:除了逻辑以外,儿童哲学在哲学知识教学的过程中难道就没有灌输?换言之,儿童哲学是否包含了某种"隐性灌输"?是否有一些潜在的价值观作为整个课程的基础?

需要承认的是,任何教育都是建立在某些明确或隐含的前提假设之上。例如,我们假设教育过程与探究过程有很多共同之处;我们相信,在儿童发展的每个阶段,都可以通过这种方式来培养其自由探索的能力。对于特定年龄的儿童,究竟要使其达到何种程度的探究能力尚不完全清楚,这在很大程度上取决于教师的智慧和敏感度。但是我们针对所有年龄段儿童的共同目标是,解放他们那些既不破坏自身也不破坏他人的内在力量。自由的探究为这种解放提供了非常重要的环境支持。

尊重儿童的意见

尊重儿童的意见要求教师持有一种哲学的态度。如果你认为自己知道所有问题的答案,认为自己可以直接掌握真相,那么当孩子的意见(或成人的意见)与你的意见不同时,你就很难尊重他们。但是,如果你认为自己其实一直在寻求答案,意识到人类创造知识来解释世界的过程是无止境的,那么你将更容易听取他人的意见,包括儿童,他们的想法可能会拓展你对世界的理解——一种更全面、更有意义的理解。

当你有了一定的教学经验后,你会注意到儿童经常表现出非凡的洞察力。也许是他们的社会化程度较低、不具备"贴标签"的分类能力,或是没有形成固定的看待世界的方式,抑或缺乏自我抑制的能力,儿童经常展现出以新颖方式来解决问题的卓越能力。他们的这种洞察力是对问题进行更合理表述的关键线索。

此外,即使你十分确定孩子的某一看法并不符合事实,但你要明白比起纠正眼前这个知识点,**你更应该对孩子一生的成长负责**。因此,为了一个知识点"贬低孩子"显然是短视的,尝试建立相互信任、充满关怀的关系会更利于儿童的成长,因为安全且充满信任的环境会使得儿童勇于承认自己的无知和错误,勇于表达他们的困惑、沮丧等负面情绪。这时,你就可以开始帮助他们澄清自己的观点,让他们了解这些观点背后蕴涵着怎样的假设和结论,让他们考虑其他可能的选择,为他们提供独立思考所需的工具。

获得儿童的信任

获得信任这件事,不仅是鼓励儿童进行哲学思考所必需的,更是良好师生关系的基础。大多数儿童都是非常敏感的,能够敏锐地发现成年人对他们的虚假尊重和不经意间流露出的贬低。轻视或"压制"虽然能够产生片刻的威慑作用,但会留下永久的疤痕,这疤痕意味着儿童的信任(对于学习过程至关重要)已然丧失。只有少数人能够立刻取得他人的信任,我们大多数人都需要更长时间的耐心争取,并且关于如何获得信任也没有什么金科玉律,会因人而异。

我们应该区分三种课堂情况。最糟糕的情况就是学生不敢在老师面前敞开心扉,因为他们害怕失去青睐或尊重。这样的老师没有传达出对于学生的尊重,无论学生同意或不同意他的看法。

稍好一些的情况是学生可以自由讨论抽象问题,但要非常小心,不能表示或暗示任何与老师不同的观点。这种课堂上,教师显然向学生传递了这样的信息:如果想要获得教师的好感,就不要去挑战教师的观点。这种交流(通常是非言语的)会严重阻碍学生哲学思维的发展。

最理想的情况显然是学生充分信任老师,敢于批评老师的方法或价值,因为他们知道老师会公平地考虑他们的意见。一位尊重学生的老师会做好随时向学生学习的准备,并以某种方式让学生知道这一点。他明白学生们的一些责难或恶作剧式的评论是学生试探老师反应的一种方式。如果一位老师缺乏自信,时刻警惕着异见,无法忍受学生的批评,他们很快就会被儿童认定为不可信任之人。因此,如果教师对自己的观点缺乏安全感或有戒心,教条地坚持自己的观点,或是固执地强调获得这些观点的方式,那么他们就无法真正鼓励儿童进行哲学思考。

当然,这绝不是说要纵容学生的不尊重或无礼冒犯,而是强调尊重是双向的。如果教师不尊重学生,包括不尊重他们的想法、他们的需求和他们的兴趣,且没有在课堂上的行为中表现出这种尊重,教师还指望学生尊重他们(只因为他们是教师),那是不现实的。

教师支持学生哲学思考的行为

每个人都熟悉"思考"这个词,但如果只是叫某人去"思考",恐怕这个人什么也思考不出来。因为命令无法产生想法。我们可以做的是去营造一种适合良好思维的氛围,并认识到儿童心灵行为的风格是非常多样的,且每种风格都需要以不同的方式培养。

从这个意义上说，思考是一门艺术，每个艺术家的行为方式都有些不同。艺术老师需要能够辨别孩子的创造性倾向，并鼓励他们实现各自的创造力。同样，在教授哲学时，教师也应关注和培育多元、丰富的思维风格，同时还要在不影响儿童思考内容的前提下，强调思维方法的清晰性、一致性和全面性。哲学教师既要鼓励学生的创造性思维，也要鼓励严谨的思考方式，如果能意识到这一点，教师们就不会认为所有孩子都应该以同样的方式学习哲学。

试想，如果你去参观一堂艺术课，发现所有学生的画都一模一样，你会认为这位艺术老师误解了艺术教育的本质。因为他没有鼓励学生创造，而是寻求制作千篇一律的作品乃至千篇一律的儿童。哲学课堂也是如此。如果在哲学课上发现每个人都持有相同的观点，这意味着教学环节一定出了问题。不同的人有不同的思维方式，他们有不同的人生经历、不同的目标，我们理应在课堂上看到丰富多样的哲学观点。

教师有责任鼓励哲学见解和方法的多样性。哲学中的共通之处在于方法而不是结论。也就是说，哲学要求进行明智的对话，但只是将对话作为一种手段，使学生可以得出自己的观点和结论。哲学坚持逻辑严谨性，但只是将逻辑作为一种让思考更有效率的手段，而不是让每个人的想法都一样。

因此，教师的任务就是帮助学生掌握这些手段，如逻辑推理规则、课堂讨论的规则等。教师的职责不是向儿童发号施令，告诉他们应该接受什么样的哲学。在这一点上，那些哲学小说可以带来一些启示。故事中的主人公挣扎着进行理解，试探性地坚持自己的观点，对新的建议持开放态度，相互学习并形成探究共同体。只要教师能鼓励学生认同这些程序，就不必为开启儿童思考而担心，因为他们会全心全意地按照自己的意愿开始这个过程。

讨论要与主题相关

正如思考是一门艺术，教学也是一门艺术，教学艺术在很大程度上体现于教师对讨论的掌控上，特别是不能让讨论离题。通常情况下，辨别一个评论是否相关于当前的讨论并不难。不过，难的是在相关和离题之间有一个灰色区域，要求教师有高度的分辨力。十到十四岁的儿童往往倾向于在讨论中引入个人经历，有些是非常心理化的。教师对此可以有两种选择：要么跟着学生的节奏走，任学生们讨论其个人烦恼；要么及时干预引导，使学生的个人经历成为讨论主题的一个例证。第一种情况会让课堂变成心理治疗的场所，不再是讨论哲学问题的地方。但显然，教室不应是进行心理治疗的地方，教师和学生谁都充当不了治疗师的角色。

学生分享一个自己关心的问题或自述某些经历，这本身并没有错。在这种情况下，**教师需要巧妙地引导其他学生去发现该生经历中所涉及的哲学问题，并引导他们进行客观公正的理解，使哲学问题通过相关的个人叙述得以阐明。**在这种情况下，个人经历例示了一个广泛的哲学问题，教师要引导所有学生都基于这个故事展开哲学探索，而不仅仅是将其注意力停留在个人的叙述上。

当一个男孩提到他被一些女孩取笑的经历时，教师不同的处理方式会有不同的结果，处理不当的话可能会使男孩感到再次被取笑。一种处理方式是，让大家探讨该同学为什么会被别人取笑？是否是他咎由自取？他昨天对女孩们做了什么？等等。另一种处理方式可以是，老师引导大家讨论"取笑"这一行为本身，如取笑他人有什么作用？为什么人们会取笑其他人？取笑他人有哪些具体的表现？最终，讨论就可以很自然地来到"什么是公正"这样的哲学问题上。**老师要发挥引导作用，巧妙且智慧地将讨论从具体的层面转移到普遍的层面。**

这个年龄段的孩子可能想分享他们对于各种问题的看法,如关于性、对与错、与家人的关系等问题。教师要深刻意识到**这些主题很可能是进行哲学讨论的沃土,但不要让讨论陷入过于隐私的、具体的个人经验,而是要转向更具包容性、全面性和建设性的内容**。如果哲学讨论从"是什么"转向"可能是什么",或者从特殊情况转向更广泛的理解,那么这样的讨论是有益的。如果儿童只是把他们的个人问题拿来吐槽,或者进行情感宣泄、互相取笑逗乐、通过讲述个人轶事来寻求关注,那么这些都不是哲学讨论。不过,对于有能力的教师来说,这些内容可以成为哲学讨论的起点,教师要判断这些个人故事是否具有哲学意义,隐含的哲学主题是什么,从而引导儿童逐步进入对这些主题的探究中。

当老师听到一个孩子对另一个孩子说"你是弱智"(或"有病""不公平""恶心")时,这些都是去发现标准的机会,人们根据这些标准来确定什么是健康的,什么是公平的,或什么是美丽的。换句话说,教师要启发儿童明白,当他们使用诸如"有病""不公平""不正当"等词语时,他们做出这些判断的标准或依据是什么。当讨论开始围绕这些标准展开时,哲学探究就正式开始了。

此外,当学生进行个人叙述时,教师要第一时间做出判断,决定是否适时打断。因为有些发言可能是重复的、多余的、冗赘的,让人听上去不知所云;而另一些发言可能具有非常丰富的含义,能够促成全班同学更广泛的理解和讨论。

课堂上的学生可能会非常在意教师让谁继续发言或终止谁的发言。他们通过观察和试探,很快就会了解教师在多大程度上允许分享个人经历。如果他们的故事被教师引用于进一步的哲学讨论,那么他们可能希望能再次拥有这样的经历。相反,如果他们发现教师可以容忍他们漫无目的地讨论,他们就会继续无目的地漫谈,直到兴趣索然为止。

提问

大多数学生有强烈的好奇心和旺盛的求知欲。但随着年龄的增长,他们很有可能会变得不再怀疑和反思,这一变化十分缓慢,不易被察觉。他们的聪慧与潜力逐渐消失。直到有一天,你可能会突然发现他们变得缺乏想象力、不再进行质疑和批判。

毫无疑问,作为教师,谁都希望自己的学生有独立思考的能力,希望他们成长为理性和负责任的人,希望他们发现生活有意义而不是感到虚无。但是应该如何鼓励学生推理呢？如何鼓励他们从自己所经历或所做的事情中寻找意义呢？教师可能会对这些问题感到很无助。

儿童需要有学习的榜样。如果他们未来想要成为领导者,他们就需要以领导者为榜样;如果他们想要理解诚实的真谛,他们就需要以正直的人为榜样;如果他们想要相信自己具有对话沟通的能力,他们就需要以能够与儿童展开智性对话的成人为榜样。

为了帮助儿童学会独立思考,使之成为独立自主、聪明机敏、自信自立的人,教师应问问自己:"每当学生提出问题时,只给他们提供现成答案,会有什么好处呢？""他们记住教科书上的信息,而不去理解所涉及的概念或潜在的含义,有什么好处呢？""我自己是否做到勤学好问,是否不断寻求更充分的答案,自己是对讨论和发现本身更感兴趣还是对死记硬背感兴趣？"

《丽莎》一书展示了成人与儿童对话的成功模式,这一模式对于成人和儿童来说都是一个相互发现的过程,使我们对相关问题的本质有了更深刻的理解。

"爸爸",哈利说。

"嗯",他父亲说。

"爸爸",哈利重复了一遍。

"嗯?"他父亲回答。

"爸爸,什么是问题?"

"你问我的就是。"

"是的。我知道我在问你一个问题,但这不是我问你的问题。"

"那你要问我什么问题?我们似乎在转圈循环。"

"爸爸!"

"什么?"

"我是认真的。什么是问题?"

"你为什么想知道?"

"爸爸,这不是重点。这与我为何想知道有什么关系?我就是想知道而已。"

"你总是问为什么。为什么我不能问为什么?"

"爸爸,我只问了你一个简单的问题,但你却绕来绕去。我只是想知道,当我们问一个问题时会发生什么?"

可见,谈话进行得很谨慎,双方都有些不满,但有进步的感觉。最后,哈利评论说,一个人之所以会提出问题是因为他真的遇到了一个问题。然后,他又思考了一下自己的这个结论,自问道:"这就是你告诉我的,我们问问题是因为我们遇到麻烦了吗?"

"是我们有问题,还是问题找上我们?"

"天呐,爸爸,您是认真的吗?"

"我是认真的。"

"那好,提问和处理麻烦之间有什么关系?"

"冰山和冰山一角有什么联系。"

"你能看到的只有冰山一角,其余的都在水下。"

"那你提出的问题会不会只是你所遇到的麻烦的一部分?"

"问题是我提出的,但是麻烦不是我造成的?"

"有可能。"

"那么是谁造成的?"

"不一定是哪个人造成的。如果你完成了学校的任务,但不确定下一步要做什么,你会感到困惑,你便会开始提问。但是如果根本没有任何任务要做,那么这就是一个麻烦,但这个麻烦不是你个人造成的问题。这就是为什么我说,你没有造成麻烦,但麻烦可能会找上你。"

"所以我问问题的原因与其说是为了得到答案,不如说是想知道所要解决的问题是什么?"

爸爸用手轻轻摸了摸哈利的头。

"你的这个观点非常棒。"他说。

事实上,并不是所有的孩子都像小说中的哈利那样"打破砂锅问到底"。**但是,如果老师能够善于通过让学生进行自我提问来培养自身的思维能力,那么他们就能够在自己的经历中学会独立思考。**儿童想要思考诸如"我是谁""为什么要上学""心灵是什么""死亡是什么""做什么事情是对的或错的"等这类问题。为什么不从他们真正关心的这些问题开始呢?

提问的艺术是非常复杂的。当然,有些问题必须直接回答,例如学生问你图书馆在哪里,你当然要直接告诉他。但当学生问你某个词的意思(他不认为字典可以解决这个问题)时,那就要另当别论了。同样,如果一个孩子问你一个哲学问题,比如"什么是公平?"你一旦直接告知他公平的定义,就剥夺了他自由探究的机会——**这种自由的探究是独立思考的基础。**

举个例子，这是六年级哲学课上的一段对话：

老师：你为什么上学？

第一个学生：接受教育。

老师：什么是教育？

第二个学生：知道所有的答案。

老师：受过教育的人知道所有的答案吗？

第三个学生：当然，他们知道。

老师：我受过教育吗？

第一个学生：当然。

老师：那我知道所有的答案吗？

第三个学生：不知道。你总是问我们问题。

老师：我是受过教育的成人，但我仍然问问题。你是孩子却能给出答案，对吗？

第二个学生：你的意思是，我们受的教育越多，我们越是问问题，而不是给出答案？是这样吗？

老师：你觉得呢？

如果老师总想表现得无所不知，会对学生造成两方面的伤害。首先，如果教师向学生直接提供那些本该由学生自己探索发现的答案，会剥夺学生进行练习的机会，当他们在没有成人帮助而独自面对问题时，会感到不知所措、一筹莫展。或者，当教师全知形象崩溃的那一天，学生发现老师并非知道所有答案，他们的安全感和信任感可能会随之破碎，会再次感到无助，因为他们从来没有被鼓励过（也缺乏相应的工具）去独立寻找答案。其次，这样的教师会给学生树立一个错误的印象：受过教育的人就是无所不知的，而不是一个富有理性、开放、好奇、自我批评、愿意承认无知或犹豫等诸多特质的人。

此外,当老师假装无所不知时,学生会认为知识就是答案——一些需要死记硬背的东西——而不是需要被发现和创造的东西。拥有所有答案的老师(或坚持让儿童反复研习答案的老师)不会让儿童参与知识获取的过程,从而剥夺了一种对儿童成长十分有益的快乐——**自己找到答案的满足感**。这份满足感对于他们能否成为富有想象力、好奇心和理智活跃的人是至关重要的。

请记住,儿童经常视成年人为理智可靠的榜样,并认同他们的行为。如果你想提升儿童的好奇心,就向他们展示一个成熟且善于质疑的成年人形象。这样的形象可以鼓励儿童自由地进行探究、提出问题、考察各种替代方案,得出初步的答案。如果你展示的是这种形象,儿童可以很容易地从你这学到,要尝试性地、谨慎地给出一个答案而不是死板地相信教条。但是,如果你展示一个无所不知的形象,强调这些答案才是"正确"的,那么这会阻碍儿童的探索、质疑和对更全面方案的寻找。

向儿童提问"为什么?"时,你就是在给予他们挑战,激励他们更深入地探究自己的假设,更好地利用自己的智力资源,提出更具想象力和创造性的建议。即使在某些情况下,儿童能够给出合适的答案,我们也可以使用一些方法来使问题更加开放,并邀请儿童进行进一步的探究,而不是结束探讨。

这种提问对于鼓励孩子进行哲学思考至关重要,这种提问不仅可以应用在老师回答学生的方式上,还可以应用于其他教学实践中。如果老师鼓励学生不加批判地接受答案,死记硬背他们不理解的事实,或是过分强调考试,而不是发挥学生的创造力或积极理解,那么学生很可能会获得这样的印象:受教育越多就等于积累的知识越多。但这显然是对教育的误解。

最后，即便学生的想法与自己的一致，教师仍然可以尝试对这些结论提出异议，从而使学生的学习态度更加活跃：

学生：乔治·华盛顿是什么时候出生的？

老师：为什么不查百科全书呢？

学生（片刻之后）：上面写着1733年。

老师：那是正确答案吗？

学生：当然是对的。它在百科全书中。

老师：真的有过乔治·华盛顿吗？

学生：这太荒谬了。如果没有，我们怎么解释所有以他的名义签署的文件呢？怎么解释人们讲述的他的故事呢？怎么解释我看到的他的故居和其中存放的他的衣服呢？

这段对话的目的是引导儿童提出证据，以这些证据来支持他们关于乔治·华盛顿等历史人物或历史事件存在的信念，为此他们不得不深入了解历史的本质。因此，通过一个看似离谱的问题，教师将学生从对历史的旁观者态度转变为关于某些历史事实或事件的个人理解。正是这种从旁观者到参与者的转化，使儿童更加积极地参与探究。

不过，要知道什么时候该问什么问题，以及如何问正确的问题，这并不容易。而且，手头光有几个问题是不够的，还要将这些问题按照一定的顺序提出，从而将讨论逐步推向高潮。

在我的哲学教学手册中，我们提供了许多讨论方案，使教师能够有策略地引导讨论，而不必反复思考接下来要说什么。这些讨论的方案通常围绕文本中的一个主要思想展开，旨在让儿童对相关概念进行更深入的探索，并将这些讨论与他们的个人经历联系起来。

答案

教师通过自己的提问来为儿童提供示范,鼓励儿童自己进行提问,但这并不是说不能让孩子寻找答案。答案是探究过程中的一个阶段——在努力寻求理解的过程中(达到一定程度)暂停一下。提问和寻找答案都是生活的节奏,就像工作和休息一样。儿童得出的答案可能不正确,但确实是儿童对自身困惑的解决方案,即使只是暂时的。

教师没有理由打消孩子寻找答案的积极性,更重要的是,要帮助儿童培养思想的开放性和灵活性,使他们渴望用有效的答案代替那些缺乏效力的答案。从这个意义上说,答案就是信念。只要信念能够有效地处理生活中面临的问题,我们就没有理由放弃它们。即使当儿童接触到相互矛盾的证据时,也没必要急切地让他们放弃自己的信念,他们可能已经开始寻找更充分的解释了。

假设一位老师对一个孩子说:"问题是你没有把事实弄清楚。"孩子回答说:"我上哪去弄清楚呢?"一位同学建议:"出去看看。"另一个同学说:"在百科全书中查一下。"现在,显然出现了一个关于什么是事实的问题。在这种讨论中,教师的作用是通过进一步的提问和澄清,引导儿童进行深入分析。

然而,通常情况下,很多概念的定义并没有最终答案。比如什么是宇宙?什么是时间?什么是空间?什么是光?什么是事实?这样的问题可以用一个定义来回答,但这个定义也可能被一个相反的定义所驳回。儿童得出的答案,尽管可能不完整,但应该对其予以尊重,允许其暂时成立,以后有时间再回来重新讨论这个问题。没有什么信念是一成不变的,讨论和探究的目的是通过得出有用和令人满意的答案与信念,从而得到一个初步的解决方案。

倾听

如果我们没有学会倾听，就很难理解他人话语的真正含义。例如，如果有人对你不了解的事情发表评论，你很可能不会注意他。这就是心理学家所说的"选择性忽视"，当我们倾听儿童的评论时，这种现象最为普遍。

不久前，在一堂儿童哲学的实验课上，一个十岁的孩子将身体和头脑的关系比作"柚子和柚子的味道"之间的关系。有些成年人可能会认为这种看法是"可爱的"，其他人则根本没有注意到它。但是对于一个具有哲学思维的老师来说，这样的说法是非常有洞察力的，应该鼓励他进一步阐述。换句话说，学生自己可能都没有意识到自己话中的深刻含义，除非有人鼓励他进一步阐述和发展这样的想法，他才可能认识到这种洞见的重要性。如果老师一开始就没有听到这样的观点，那么该学生也就意识不到自己思想的意义和价值，这样的洞见就永远不可能被发展，并从此消失。如果下次还有这样的灵感，儿童也不会再表达了。

即使老师有能力倾听儿童的话，老师也往往会倾向于从自己的角度来给出解释。这种解释可能与儿童的预想大相径庭。因此，**教师应该养成鼓励儿童的习惯，鼓励他们准确表达自己的意思**。在引导孩子们进行哲学思考时，新手教师会发现儿童的很多言论是令人困惑和模棱两可的，他们不确定儿童的观点是否具有哲学意义。部分原因是老师期望学生的言论不那么哲学化，部分是因为老师对杂乱无章的表达不知所措，还因为老师自己没有事先接触过相关的哲学思想。随着教师哲学知识的增长，他们倾听的能力会越来越强，这个过程对儿童和教师来说会变得越来越有意义。

教师还必须增强他们的能力，学会把握儿童看似脱节或零散的评论，能够将其作为课堂对话的一部分。换句话说，老师必须对某一发言是否具有引导价值保持敏感，而且要判断出引导的效果是否理想。只有当老师在引导讨论方面有了相当丰富的经验之后,这种预判能力才会提升。

师生的非语言交流

有些时候,老师不必一定非要等儿童说,他们的面部表情和肢体行为会将他们的困惑表露出来。很多时候,皱眉、挑眉或疑惑等表情,都等同于"为什么"这个问题,或是要求老师做出更充分的解释。教师必须认识到,孩子们交流的不只是口头语言,还有手势语言、表情语言、姿势语言和行为语言等。同时,老师也必须意识到,课堂上的学生会注意老师的每个手势和面部表情,以期发现其中的含义。因此,哲学老师和其他老师一样,需要在交流中考虑到非语言的一面。

非语言交流的重要性还表现在,在许多情况下,一个人的非语言表达可能与其语言表达不一致。母亲用讨人喜欢的语言称呼她的孩子,但手势却表达出不希望孩子靠得太近,那她的行为就是模棱两可的。我们都知道这样的例子:一个人明明想说"不"却说了"是",或者他想说"是"却说"不"。教师不能自相矛盾、口是心非,必须学会言行一致。当教师说话时,儿童可能会困惑地盯着你看,但你知道他们已经理解了你的意思,或是儿童说自己已经说明白了,但你从他们的脸上看出他们并不明白。

教师应该尽量让自己的非语言表达和语言表达保持一致。此外,他们也应该意识到儿童往往词不达意,应该鼓励儿童尽可能准确地表达自己的意思,至少在学习的时候应该如此。不过我们也需知道,交流有许多目的,有不同的层次。我们没必要去消除交流的丰富性,除非这些含糊不清或模棱两可给儿童造成了伤害,或者让他们感到尴尬或被利用。例如,成人有时会说一些儿童并不能完全听懂的话,以此来取笑他们,然后成人笑得很开心,但这是以牺牲儿童为代价的,孩子并不知道他们为什么笑,但他知道大人是在取笑他。

如果一切顺利,儿童将能够及时了解他们所处情境的特征,能够读懂表情、行为以及情况本身的细微差别。教师应该在儿童开口之前,就能感受到课堂的情绪基调。这样的老师更有可能唤起学生的信任,而那些对儿童的需求漠不关心的老师则很难获得信任。理想情况下,老师会鼓励班上的儿童相互关注,逐步学会理解彼此的明确意图以及言外之意。

教师的示范作用

我们经常低估一致性对儿童的重要性。很多时候,儿童希望大人能说话算话、表里如一。儿童将大人视为榜样,一旦他们发现成人的言辞与行动是不一致的,他们就会感到非常沮丧。因此,作为道德榜样的成年人必须是正直的。

儿童寻找他们可以信赖的榜样。但是,仅仅具有一致性的榜样,还不足以给予儿童充分的引导。榜样还需要能够为儿童提供成人的有益经验。当儿童未能做出必要的区分,或者未能正确地归类时,懒散的老师往往不会对其进行纠正,这对儿童来说是一种不幸。只有通过教师展示区分和分类的重要性,并在日常行为中表现出相应的热爱,儿童才愿意去模仿和学习。当听到小孩子说,"昨天,我晚餐吃了土豆和蔬菜"或"马路上有雪佛兰车和汽车"时,老师需要对这样的分类提出质疑,否则将是教学上的失职。与此同时,善于做出区分的老师,也给儿童树立了一个严谨的榜样,能使他们受益终身。

教师作为榜样的另一个意义在于,**教师应该认真对待儿童的思考,及时回应他们的想法,围绕这些想法与他们展开交流**。这要求教师要保持敏感,能够及时捕捉到儿童有价值的思考,不要因为儿童的表达很幼稚就认为这些思考是不值得重视的。但仅仅发现有价值的思考内容是不够的，**教师还必须帮助儿童完善其思考**。很多时候，儿童只能简单地表达自己的观点，因此教师需要帮助他们不断深入思考、更详尽地阐释自己的观点。

教师还要有一定的游戏精神，要认识到思想的发展是一种意义的自由建构，就像孩子的积木游戏是一种形式上的自由建构一样。我们不应该急功近利，不要急切地要求此类创造性项目立即显示其实用价值。

教师还应该为儿童树立一个公平公正的榜样，特别是要公平对待每个儿童，公平地对待课堂上的不同观点。教师要培养学生的哲学能力，就必须保持开放的思想。但这可能是一件精细微妙的事情。有时教师确信儿童的观点是错误的，打算直接反驳儿童的想法，这么做时要非常注意，不要给儿童留下这样的感觉：老师否定我的观点就是否定我本人。很多时候，当老师在发现学生的错误想法时，可以先保持沉默，因为课堂后续的讨论可能会让儿童意识到自己的错误。

有时，教师可能不同意某一观点，并且其他同学提出的反对理由似乎也不够令人信服。这时，教师可以选择发表自己的意见，但要向全班清楚表明，这只是根据讨论需要而提供的另一种意见。不过，这么做有一个前提，即学生们已经将教师的观点和同学的观点一视同仁。

第七章 指导哲学讨论

哲学与对话策略

哲学是一门特殊的学科,它提供了多种方式来使人们进行行动、创造和表达。为了发现这些全新的方案,哲学家们一直不断地评估和检查自己的推测和假设,质疑人们认为理所当然的事情,并为构建更完善的理论框架而进行富有想象力的推测。哲学家从事的这些活动是哲学训练的产物。**哲学教育最成功的地方在于它鼓励人们参与批判性的提问和创造性的反思**。如果将此作为教育目标,那么我们首先需要弄清楚:什么样的教学方法才能促使学生产生最好的思考以及持续地提问?

要满足这些要求,需要有以下条件:一方面,教师本身要有启发性、好奇心、愿意克服思想上的懒惰来持续思考;另一方面,学生要渴望参与这种具有挑战性的讨论。因此,善于提问的教师和乐于讨论的学生作为两个关键的基本要素,共同构成了促进儿童进行哲学思考的良好氛围。

哲学就是一种最好的教学方法——提问和讨论。鼓励儿童进行哲学思考的方法是一种探索发现法,儿童哲学项目系列教材就很好地体现了这一方法。在这一方法中,教师仍然具有权威,是讨论过程中的"仲裁者"。但是,除了作为一个裁判,教师还应该被视为一个促进者,他的任务是通过课堂讨论来激发儿童对自己的问题进行推理。

在使用这一教材时,如果老师认为每天都必须完成一定数量的课程,或要求学生掌握书中某一章节的内容,那就本末倒置了。实际上,成功的课堂通常是学生就书中的某一点展开热烈的讨论。尽管讨论可能与最初的主题相距甚远,但这样的讨论能够给学生留下更持久深刻的印象。

哲学教育并不关注儿童获得多少知识,而是关注他们的理智发展,儿童学会有效思考比记住某些内容更重要。在思维的领域中,"每一个微小的变化都会产生很大的影响"。儿童思维模式的任何差异(无论多么微小),都可能改变他们的整个思维过程。例如,儿童可能一直都相信事情就是它们看上去的那样,然后在某个时刻突然发现,有些事情的本质与其外表完全不同。这些发现可能会改变儿童的整个人生。

儿童哲学课程的关键在于探究的过程,而不是达成某个特定的结论。因此,教师不需要向学生展示自己有多么渊博,而是在课堂上表现为一个积极的提问者和引导者,以此促进共同探究的顺利进行。教师也无需宣称自己是绝对正确或错误的,但要对观点之间的差异表示出兴趣,或是对赞同与反对某个观点的理由表示出浓厚兴趣。可以看到,在这样一种理智上相互让步的氛围中,那些沉默寡言的学生也会开始提出自己的观点,因为他们会意识到,在这种氛围中,每一个观点都会受到尊重和认真对待。这些学生也会愿意在讨论中大胆尝试,提出观点并为他们的立场辩护。

虽然我们并不直接向儿童教授哲学,却可以激发出他们与生俱来的好奇心和质疑,从而进行哲学的活动。渐渐地,学生们开始发现哲学讨论与其他类型的讨论完全不同,哲学讨论不只是进行倾诉或自我表达。在哲学讨论中,学生会意识到自己能够相互比较各自的经验和观点,也会渐渐察觉到,自己能够将一些零碎的知识组合成另一种客观的图景。儿童们也开始意识到他人观点的重要性,以及为自己的观点给出理由的重要性。他们会感受到一种公正的价值感:我们需要彻底思考问题,而不是满足于肤浅的意见表达。

尽管儿童哲学可能包括一些严谨的方面,例如逻辑规则和原则,但当讨论离开了原本的主题而朝着儿童感兴趣且有意义的方向发展时,教师不必对此感到不安。当然,教师有责任及时判断讨论的相关性,以及讨论时间的长度是否恰当。很明显,"自由讨论(bull session)"和哲学讨论之间有很大区别。**哲学讨论会以逐步累积的方式不断向前发展,参与者可以通过讨论不断拓宽视野。**教师的艺术就在于巧妙地引导学生的讨论,保持活跃的讨论状态,同时尽可能地让全班同学都参与进来。在整个讨论过程中,**教师要成为一位聪明的提问者,鼓励学生们集中于(或发散出)讨论的范围,帮助他们认识到哲学讨论是开放的、多样的,从而带领儿童探索新视野,寻找如何让不同想法结合在一起并相互加强。**

在合适的情况下,满屋子的儿童会突然对一个观点产生激烈的讨论,就像一窝小猫会猛扑向毛线球一样。学生们会不断地讨论这个想法,直到它被充分发展和阐述,甚至还可以应用于生活的情境中(不过这需要老师的巧妙引导)。当讨论结束时,他们可能会说"该好好学习啦",好像他们刚才没有学习似的。他们可能认为学哲学不过是娱乐和游戏,却没有意识到哲学可能与他们所学的课程一样具有获得知识和提高智力的作用。

引导课堂讨论

进行一场深思熟虑的讨论并不容易,需要进行练习,需要培养倾听和反思的习惯。这意味着发言者必须组织好自己的想法,避免无意义的胡言乱语。在课堂讨论中,年幼的儿童往往要么同时争前恐后地发言,要么集体不作声。他们需要时间来学习进行良好讨论所需的程序。

儿童难以掌握讨论的原因之一,是他们很少接触到成功的讨论,缺少必要的范例。如果家庭和学校都没有提供这种深思熟虑的讨论范例——无论是成人与儿童之间的讨论,还是成人与成人之间的讨论——那么儿童要靠自己来组织整个讨论过程,但并没有人告诉他们该如何做。简而言之,如果要使讨论发挥教育的意义,那么拥有一个成型的讨论惯例是必要的,每个儿童都可以自主地接受、认同、实践这一惯例。

儿童哲学小说的优点之一是它提供了对话范例,包括儿童之间的对话以及儿童与成人的对话。这些范例是非权威的和反教条主义的,它们尊重探究和推理的价值,鼓励发展多样的思维和想象,并描绘出一个令儿童满意的探究共同体的图景——在这里儿童拥有他们自己的兴趣爱好,同时又相互尊重,并且能够进行合作探究。

儿童哲学项目显著的特征之一是它表明了儿童如何能够相互学习。这是当今教育各个层面都会遇到的一个问题:在大学、中学和小学各个阶段,很多学生们试图"自力更生",没有真正做到相互学习或吸收生活经验。而通过参与讨论,他们能够非常容易地获得这些知识和经验。

有的儿童会专心倾听,并按照讨论的思路做出反应,而不仅仅是重复他人的观点,但有些儿童很擅长表达,却不擅长倾听。教师应该意识到不太擅长倾听的儿童可能在思考一套非常不寻常的想法,因此暂时忽略谈话。所以,对于这些儿童来说,强迫他把注意力集中于讨论可能会适得其反。另一方面,有些儿童很少说话,但会专心地、建设性地倾听课堂讨论。即使他们看上去游离在讨论之外,但其实已经参与其中了。

讨论的进程应该通过其自身的动力来推动,应该建立在每个成员的贡

献之上，就像儿童们在操场建造人力金字塔一样。在提问时，教师不仅仅只是试图引出已知的答案，更重要的是鼓励儿童进行哲学思考，让儿童们以新颖的方式进行创造性的、富有想象力的思考。在教授哲学思维时，老师无法事先知道儿童们所想出的答案，而正是这种没有预设的讨论才会令人耳目一新：谁都不确定接下来会出现什么奇思妙想。

当然，保证讨论的持续进行是很重要的。当儿童在讨论中听到彼此的经历并开始相互学习时，他们也就开始理解和尊重彼此的观点和价值。但是，当某一主题的讨论出现阻碍而难以继续的时候，教师需要巧妙地将讨论引向另一个主题。

观点在哲学对话中的作用

你可能想知道哲学讨论的独特之处是什么？它与其他类型的讨论有何不同？在这里，我们对这三类讨论进行比较：科学讨论、宗教讨论和哲学讨论。

科学讨论

科学讨论通常关注事实问题及其相关理论。科学讨论中提出的问题原则上都是可以回答的。通过发现相关证据、咨询科学权威、进行适当观察、引用相关自然规律、进行相关实验，都可以回答科学讨论中所提出的问题。科学课上的讨论可能非常激烈和活跃，特别是在解释某些证据，或者关于某一理论能否说明相关事实数据产生分歧时。

科学家研究如何描述和解释世界的某些领域。因此，一堂科学课可能会讨论诸如太阳黑子的成因、干冰的温度、心脏如何工作、血液如何循环、石器时代是什么、地震的原因等问题。总的来说,科学讨论通过对基础科学理论和现有科学证据进行充分的探讨和分析,就可以澄清和掌握所提出的问题。因此,科学讨论受制于经验证据的权威,因为这一类证据已经在科学界得到公认。所以,科学的争议在原则上是可以得到解决的。

关于宗教信仰的讨论

也许你们班上许多学生拥有某种宗教信仰,这些信仰或来自他们的父母、他们的宗教学校、与同龄人的讨论,也可能来自他们自己的观察。这些信仰可能会涉及世界的命运、灵魂的永生、上帝的存在、神明的奖惩等话题。这些问题通常无法用事实证据来证明或回答。哲学老师不能去批评儿童的宗教信仰,或试图以间接的方式破坏他们的宗教信仰,不能插手学生们的宗教信仰,更不能试图灌输某种宗教思想。事实上,让儿童了解这世上各种各样的宗教信仰未必是一件坏事。

有些老师试图在课堂上改变学生的宗教信仰,这种做法是极不明智的。这是对儿童理智完整性的侵犯,不仅是对儿童的不尊重,也说明教师误解了科学的本质、哲学的本质以及教育的本质。有些人认为,根据我们对科学和哲学的了解,儿童的宗教信仰是不健全的,因此可以通过一些健全的科学知识或哲学思想加以纠正。但是这并不能以某种方式消除宗教信仰。既然宗教属于信仰的范畴,那就很难说它究竟应该由科学来解决还是哲学来解决。

儿童们很有可能围绕宗教问题进行讨论,就像他们可以讨论他们的家庭、他们的朋友、他们的恐惧、他们的快乐和其他私密的事情一样。儿童在宗教讨论时往往会交流他们关于宗教问题的感受和看法。通常不涉及寻找潜在的假设,或分析概念的含义、寻找明确的定义。换句话说,儿童的宗教讨论通常不探索宗教信仰的各类假设,而哲学讨论则致力于探讨各种假设以解决更深层次的问题。

再说一遍,老师们必须非常小心,不要让哲学思维课程成为贬低某些儿童宗教信仰的工具,而是应该作为一种帮助儿童为自己的信仰找到坚实基础的工具。**教师的角色是双重的,不是要改变儿童的信仰,而是要帮助他们找到更好、更充分的理由来反思或坚定他们的信仰。**

哲学讨论

科学和宗教代表了人类关心的不同领域,与不同的课堂相关。从教育的角度来看,科学讨论和宗教讨论是不一样的,也不应将二者与哲学讨论混淆。

哲学讨论不必只涉及科学和宗教无法触及的地方。哲学讨论不但涉及科学问题和宗教问题,还可能将讨论导向其他任何主题。作为客观的旁观者,哲学家不是这些争议中的某一方,就像裁判不是参赛者中的一方。裁判代表着公正的精神,试图确保比赛以最公平的方式进行,哲学家在处理争议时也是如此。从这个角度上说,哲学关注澄清含义、揭示假设和预设、分析概念、考虑推理过程的有效性、考察观念的含义以及探讨不同观念对人类生活的影响。

但这并不意味着哲学只关心概念澄清。哲学是持续产生新思想的源泉。因为只要有新知识的萌芽,那些钻研这一特定领域的人就会不断探索,想弄清楚到底发生了什么。渐渐地,随着新学科领域的调查方法不断发展,以及观察和测量、预测和控制的方法不断完善,哲学思辨终被科学认识所取代。从这个意义上说,哲学是一切科学之母,因为随着哲学思辨逐步变得更加严谨和充实,随着测量、实验和验证的出现,哲学就变成了科学。从这个意义上说,哲学是每一个新科学事业产生的思想源泉。

因此，教师在指导哲学讨论时应该做到：首先，教师必须牢记和明确科学、宗教和哲学之间的区分，将其作为鼓励儿童进行哲学思考的路标。教师必须意识到，在哲学讨论开始时，很容易变成对事实的争论，这种争论只有通过查阅经验证据才能解决。一旦讨论转向了这个方向，教师就要提出建议，指导学生在哪里可以找到经验证据，而不是让讨论变成无休止的猜测。例如，如果在课堂上就以"252 加 323 是多少"展开争论，这不是哲学争议。而"什么是加法"或"什么是集合"，这就是哲学问题。虽然从书中查找哥伦布登陆西半球的确切年份是很容易的事情。然而，这并没有解决"谁是第一个发现西半球的人"这一模糊但又需要澄清的问题。我们知道光从太阳到达地球需要时间，但我们没有关于时间本身的科学。因此，当儿童们问："什么是时间？"他们就是在问一个哲学问题，如果某些观点能够用儿童听得懂的术语来表达，那我们就应该让儿童通过与同龄人和老师的对话，去了解哲学家对于某一问题提出的不同见解。

当儿童想知道某种思想的意义时，就会冒出各种天马行空的问题，哲学讨论可以从这些问题开始。教师需要抓住这些机会，将其作为哲学探索的入口。如果儿童想知道"权威"是什么意思，或者"文化"是什么意思、"世界"是什么意思、"尊重"是什么意思、"权利"是什么意思，那么教师可以将其中任何一个作为出发点，将尽可能多的观点在课堂上进行展示，让儿童们接触哲学家所提出的其他观点，考察不同观点的不同后果，并澄清每个观点的含义和潜在的假设。

哲学与科学教育的关联

有人认为，科学的"事实"经常被视为终极的、绝对的，因此课堂上会对其进行教授。这种说法其实与科学探究的精神背道而驰，因为任何事实都不是不容置疑的。剥夺学生对科学探究结果进行怀疑的权利,其实就是在阻止科学探究的继续。另一方面,教师需要明确,自身所教授的"事实"是建立在证据基础上的,这些证据始终是可检验或可论证的。如果在教授科学时忽视其经验程序的局限性,它就会变成灌输。

因此,儿童哲学对于科学教育也是非常重要的,它鼓励和发展学生的批判性思维,这也是所有科学家所看重的。学生质疑自己在科学中得到的事实,则恰恰完全符合科学的精神。的确,**哲学思维是科学教条主义的解毒剂,也是为科学研究带来创新性、启发性的新思想源泉**。

当今科学教育遇到了许多困难,主要原因之一是儿童缺乏对科学意义和内涵的透彻理解。他们发现其中没有什么可认同的内容,不了解其方法论,对好坏推理之间的区别知之甚少,也不能科学地理解事物的普遍意义。如果学生无法区分有效推理和草率推理,很难想象他们如何能够有效地使用科学材料;如果学生无法从所观察或表述的事物中得出正确推论(未接受相应训练),很难想象他们如何能够进行科学实验。

简而言之,科学教育应使学生对科学事业本身有初步认识,科学教育的方法应该是激励性的,以推动儿童致力于科学探究。与此同时,还应该培养儿童良好的工作习惯,将他们的创造性和想象力与(以训练有素的和有条理的方式)思考世界的愿望结合起来。将哲学纳入课程中,是实现这些目标的关键一步。

哲学的质疑精神是科学教育成功的必要前提。成功的科学教育需要拥有强烈的好奇心,如果等到科学教学结束之后再培养好奇心,就为时已晚了。儿童哲学引导儿童去处理自己生活中所产生的问题,这使他们更容易认识到科学教育与他们自己生活之间的关联。而缺乏对这种关联的认识会危及传统课程教学。我们相信,儿童哲学的课程可以帮助儿童认识到这种关联,使科学教学更有成效,推动科学教育目标的实现。

促成哲学对话

讨论、好的讨论、哲学讨论

有时候,我们会听到老师这样评论:"我们今天在课堂上进行了很好的讨论。"这样的评论给人的感觉是,好的讨论并不经常发生。就好像听到"我的福德叔叔上周没有喝醉",给人的感觉是,福德叔叔很少有不醉的时候。人们倾向于认为"讨论是否成功"是运气的问题。进行一场愉快的课堂对话,会让我们感到很幸运,就像很感激愉快的某一天。这种说法揭示出这样一种看法,对于好的讨论,我们只能被动地等它降临,而不能主动地推动它。

然而,这种看法完全是错误的。**好的讨论是可以由教师促成的,好的哲学讨论也是如此**。但首先我们必须知道所要实现的目标是什么。我们必须知道如何区分单纯的讨论和好的讨论,也必须知道哲学讨论的独特之处。

人们可以就任何话题进行良好的讨论,而不是进行漫无目的或肤浅的讨论。一场好的讨论并不要求在场的每个人都要进行展示(有些人通过倾听可以学到更多,他们即使沉默也是完全的参与者)。参与者都进行了发言的讨论,也不一定就是好的讨论。同样,也不能仅仅因为班级中形成两派,进行了相互对峙,就心满意足地声称自己进行了一次很好的讨论。

什么是一场好的讨论呢?就某一主题而言,只要讨论的结论相较开始时有明确的进展——也许是在理解方面取得的进展,也许是在达成共识方面取得的进展,也许是在表述问题的意义上取得的进展——无论如何,已经有一种向前迈进的感觉。一些事情已经完成,一系列产品已经实现。[1]

相比之下,粗浅的讨论可能会仅仅引起在场不同人的评论(此时他们算不上"参与者"),但不会实现"思想碰撞"。每个人都表达了他们对问题的看法,但这些看法永远不会产生交集以形成一些更大体系的一部分。即使他们的观点相互之间是有联系的,很多人也只是为自己的信念进行辩护,始终自说自话。

单纯的讨论可以转化为好的讨论,一次好的讨论也可能会转化为一次哲学讨论。我们可以通过讨论的内容来判断什么是好的讨论。单纯的讨论是线性的和偶发性的,就像一部平庸的小说,其中一系列事件串在一起,但没有任何结构可言。**好的讨论是累进式的,每个人的贡献都是密切相关的,能够关联到其他人身上,并与其他人的贡献汇聚编织在一起**。在讨论结束时是达成一致还是仍有分歧,这并不重要;重要的是,**每个参与者的贡献都相互关联并相互促进,每个参与者都从其他人的发言中获得学习(也从他自己的发言中获得学习),他们为讨论所作的每一次贡献都反映了其自身理解的不断累进**。

如果仔细聆听一场"头脑风暴"的会议或一场平淡无奇的讨论,然后将其主持人的评论与哲学老师的提问或评论进行比较,就会发现这二者之间的巨大差异。前者想要从尽可能多的人那里获取观点或意见,通常会提出以下问题:

你对此事有何看法?

你对这个话题有什么看法?

---

[1] 参见 Justus Buchler,"什么是讨论?"《普通教育杂志》,第八期,1954 年 10 月,7—17 页。

你同意上面所说的吗?

换句话说,这些问题只是为了寻求意见,而非促进推理。不是在鼓励每个人理性地表达自己的观点,只是鼓励他们冒出自己的想法。而在哲学讨论中,老师会提出以下问题:

你这么说有什么理由?
你为什么同意(或不同意)这一点?
你如何定义你刚刚使用的术语?
你这个表述是什么意思?
你现在说的和你之前说的一致吗?
你能澄清一下这个说法吗?
当你这么说时,你的言论到底暗指什么?
从你刚才说的能得出什么结论?
你和他是不是互相矛盾?
你确定没有自相矛盾吗?
这种说法还有哪些替代方案?

为了引导哲学讨论,我们必须培养一种感觉,知道何种问题适合于何种情况,以及提问的顺序。哲学老师可能会在学生的某个言论上停下来,追问它,探索它,同时判断下一个学生的言论是否适合展开,因为此时进一步的分析可能会适得其反。事实上,并不存在绝对完美的讨论技巧,如果有些老师想要寻找特定的模式,他们可以读读柏拉图的《对话录》(在其中苏格拉底被描绘成一位哲学大师),教师需要努力成为对话艺术的大师,从而能够引发富有成效的对话。

吸引学生表达

引导学生参与哲学对话是一门艺术。与任何艺术一样,需要掌握一些知识作为先决条件——在这种对话中,教师应该了解什么时候介入讨论是合适的,什么时候是不合适的。有时候,指导讨论的最佳方法就是什么都不说,让事情自然而然地发生,使学生更多地参与进来。哲学讨论应该尽可能地促进生生之间的交流,而不是师生之间的交流。

引出看法或观点

我们一再强调,课堂讨论应该从学生的兴趣开始,引导儿童读故事可以制造某种体验,调动和明确他们的兴趣。众所周知,如果兴趣得不到激励和指导,它们就会衰退;艺术作品在教学上能够激发人们的兴趣,否则这些兴趣将处于休眠和惰性状态。

儿童们读完故事后,可以问他们觉得故事哪里有趣,学生们在课堂上发表了这些言论,可以将它们写在黑板上,并与学生核对表述是否正确。这一系列的"兴趣点"随后会成为课堂讨论的议程(请注意,这本质上是学生们的议程,而不是老师的,但如果有教师认为是重要的事情而学生们忽略了,教师也可以增添上去)。

在进行讨论议程上的第一项时,老师可能会要求学生发表看法。如果进展比较缓慢,教师可以通过以下提问来要求提议者详细地阐明其问题:

为什么你觉得那件事很有趣?

你熟悉这类事件吗?

你同意哪些看法,不同意哪些看法?

故事的这一部分如何帮助你理解其余部分?

这一段有什么让你感到困惑的地方吗?

你认为在这一段中是否有值得讨论的问题?

上面列出的问题还比较笼统,老师们可能会发现一些更加具体、更加相关的问题。在这种情况下,教师应该毫不犹豫地询问这些直接相关的问题。

帮助学生表达他们自己: 澄清和重述

有的学生很难表达自己,也许他们只是找不到合适的词,也许他们很害羞。在这种情况下,教师可以通过以下短语来唤起学生的参与:

你似乎在说……

难道是这样……?

你是说……?

我听到你说的是……

我的印象是……?

那么,你是这样看的了……

根据我所听到的,你是在说……

所以在你看来……

如果我错了请纠正,但是不是……?

那么,从你的角度看……

根据我对你的理解……

我这么理解你所说的……是否正确？

把你的主张像这样表达……是否合理？

你的意思是否可以这样表达……

如果我这样表达你的观点会有帮助吗……？

需要注意，教师使用这些短语是为了让学生明晰自己的想法，帮助其澄清或重述那些需要说明的言论不是询问儿童其言论的原因或含义。

毫无疑问，最好让儿童自己来说明自己的观点，而不是教师帮他们说明。但有时学生不能较好地表达他们的观点，那么教师可以用更容易理解的形式来重新组织他们的话，以此来帮助他们表达。

这样做的好处是可以让讨论更顺利。但显然也存在一定的风险，这种对儿童观点的转述可能会歪曲学生原本的意思。我们都具有操纵讨论的倾向，尽管我们可能没有意识到。我们往往倾向于让其他人相信我们所相信的，通过劝服他们说出我们想听到的话。但是教师的义务是帮助儿童们表达他们自己的想法，无论他们的想法是否与教师的意愿一致。如果教师不同意他们的观点，可以说出来并解释不同意的原因。但如果试图通过重新表述来扭曲学生的观点，这种行为是操纵性和灌输性的，与哲学讨论背道而驰。

阐明学生的观点

教师可能希望做更多的事情，而不仅仅是通过重新表述来帮助学生澄清观点。教师可能不只是要探索他们所说的内容，还要询问他们所说的意思。问一个学生"你是在说（saying）那个……"或者"你是在意指（implying）那个……"，这两者是有区别的，前者只是在做判断，后者则对判断进行了阐释。

在解释学生言论所涉及的内容之前，教师应该注意阐明（explication）的重要性。阐明介于重述和解释之间。当选择并强调学生所主张的某些内容时，就是在进行阐明。教师也可以鼓励学生自己进行阐明。下面是一些相关的启发性提问：

……是你说的重点吗？

你刚才所说的哪些要点是你想要强调的？

所以你认为以下几点很重要……

我可以将你的论点总结为……？

你能给简要地总结一下你的观点吗……？

我认为你言论的要点是以下几点……

解 释 意 义

课堂上的讨论可能会转向以追求意义为目标，弄清某人所说言论的意思，或理解一段话的意义。当我们发掘意义时，我们就在进行解释。

在生活中，你所说的话中有你的意思。但是他人对你言论的解释与你自己的解释可能会明显不同。换句话说，你对自己的言论赋予了一种意义，而其他人可能会赋予另一种意义。

在指导哲学讨论时，不只要注意所说的内容，还要注意班级中其他成员对这些内容的解释。有两种方法可以从言论中得出意义，一种是推理出逻辑上所蕴含的意义，另一种是推理出逻辑之外的、隐含着的内容。

推出逻辑上的含义

通过学习逻辑，你可以学习如何从给定的语句中进行推理。例如，基于逻辑推理，你可以从"狗不是爬行动物"的陈述中推理出"爬行动物不是狗"，但你无法逻辑地推理出"所有的狗都是脊椎动物"，或者"没有爬行动物是毛茸茸的"。

看如下两个语句：

> 所有的电台主持人都是人类。
> 所有的人都是会死的。

借助于逻辑，你可以合理地得出"所有电台主持人都是会死的"。换句话说，只要人们所说的话都是按照逻辑规则来表述和安排的，那么我们就可以通过逻辑推理出言论中所蕴含的内容。但在课堂讨论过程中，往往难以满足这些条件。所以我们可以去研究那些理想化的案例，比如在《哈利》的第一章中，哈利就发现了一个无效的演绎推理的实例[1]。在现实生活的讨论中，这种能够严格检验逻辑推理的情况可能并不常见。尽管如此，逻辑依然可以为读者提供强大的工具，从所读的内容中提取精确的意义。

---

1 自然课老师在讲授太阳系行星运行时问了哈利一个问题：什么星带着长长的尾巴，也围着太阳转？哈利只知道行星都围绕太阳转，那么拖着长尾巴围绕太阳转的应该也是行星。他的答案引起一场哄堂大笑。同学告诉他："并不是所有的句子都可以翻转使用，所有行星都围绕着太阳转，但不是所有围绕太阳转的星都是行星。"这使哈利恍然大悟，他开始发现生活中很多事情都是如此，酗酒的人到酒吧喝酒，但是并不是所有到酒吧喝酒的人都是酗酒的人。这个案例体现了逻辑推理的规则。——译者注

听出弦外之音

解释是从人们所表达的内容中找出所蕴含的意思。人们能够基于逻辑从言论中推导出所蕴含的意义,但很多言论是有弦外之音的。它们都是从表达中提取出来的有意义的结果,只不过其中有些是逻辑蕴含的,而有些则只是隐含的。

例如,一个同学说:"约翰尼根本不是老师的宠儿,他只是因为太聪明而获得高分!"这其实就是在讽刺约翰尼是老师的宠儿,尽管这个句子本身明显不符合逻辑。或者有人说,"昨天,弗兰克搬到了前排座位。今天,整个前排的同学都搬到了教室的后面",这是在说前排的学生因为弗兰克搬到了前排而都搬走了,尽管这无法从逻辑上推断出来。

当然,还有一些推理是非语言的,也需要注意。这要求捕捉到学生在阅读时那些含沙射影的暗示或略微不正常的重音,以及搜罗课堂上的手势或面部表情,并由此去了解学生的真实想法。

解释是把所隐含或暗示的内容提取出来,有时教师可以通过适当地解释学生的表达来推动讨论。解释可以借助以下短语进行:

> 基于以上所说的,我认为……
>
> 如果我没理解错的话,你的立场可以这样解释……
>
> 如果我错了请纠正我,简而言之,你不是说那个……?
>
> 当我读到你在说什么时,它在逻辑上似乎是……
>
> 你是在建议……?
>
> 你是在暗示……?
>
> 如果我这样说,我会不会歪曲你的建议……?
>
> 我将你的意思解释如下……

你的意思能否这样说……?

你能解释一下你刚才的话是什么意思吗?

如果你说的是对的,那岂不是还有……?

如果你说的是对的,你怎么解释这个事实……?

基于你刚刚表达的观点,你不认为……?

基于你刚刚表达的观点,你是否认为……?

我认为你刚才所说是重要/不重要的,因为……

在我看来,你所说的话是意义深远的,因为……

如果这样解释你的言论,你会反对吗……?

寻求一致性

在哲学讨论过程中提倡一致性,是非常有用的("一致性"指一个术语在同一上下文中多次使用,每次都具有相同含义)。一个人陈述的观点可能前后是不一致的,或是课堂上几个人的观点彼此不一致。无论是哪种情况,可以使用以下问题或用于寻求一致性的问题:

之前你用……这个词的时候,是不是和你现在用的涵义大不相同?

你们是真的不同意彼此的观点,还是在用两种不同的方式说同样的话?

在我看来,这两种观点之间存在直接矛盾……

为了详细说明那个观点,加上这个……岂不更好?

你的观点是一致的;但你仍然可能搞错了一点,因为……

明 确 定 义

有些时候,讨论中使用的某些词语容易引起误解。在这种情况下,最好先停止讨论,确定一下这些词语的定义或者完全放弃那些麻烦的词语。经常会发生这样的情况:儿童们使用相同的词语,却以完全不同的方式进行定义,从而导致他们之间产生争议。当每个人都意识到这个问题时,他们就可以决定是尝试达成一个共同的定义,或是寻找更合适的词语来进行替换。

儿童们可能会在电影是好是坏或者鸭嘴兽是鱼、是鸟还是哺乳动物等问题上产生争议。像后者这种简单的情况,最好的解决办法就是查字典。但在其他情况下,最具争议的词是那些具有非常丰富意义的词——所谓的多义词。如果学生在使用这些词时遇到了问题,教师可以通过提出以下问题来了解学生的定义:

当你使用____一词时,你是什么意思?
你能定义一下你刚刚用过的____词的意义吗?
这个词指的是什么?
如果一个东西是一个____,它的主要特征是什么?

总的来说,教师在要求定义时应该谨慎,因为这样做有一定的风险——容易将讨论的重点转移到关于定义的争论上。例如,一个班级可能正在讨论战争问题,对话进展顺利。然后老师插入了一个问题:"我们所说的'战争'是什么意思?"这是一个很好的问题,但必须在适当的时候提出,只有当学生对这个词感到困惑时才适合提出,而不是在对话顺利进行和富有成效的时候提出来，因为很多学生此时并没有纠结于这个词的涵义。

还存在一些情况，需要在一开始就定义一个或多个基本术语，否则讨论就会无法开始。例如，一个班级可能正在讨论《哈利》的第五章，就必须对"教育"一词的涵义达成某种理解或共识。在这种情况下，教师可以首先要求定义一个或多个关键词，以此来展开讨论。

寻 找 假 设

哲学对话的主要特征之一是发现言论中隐含的意义，那么另一个主要特征是寻找言论背后的假设。哲学家会寻找每个问题和每个断言的前提条件，这同样也是哲学讨论的特征，尤其是那些最有洞察力和最深刻的讨论更是如此。学生发现其言论的前提假设后，并不一定会放弃这些假设，反而可能会重新思考他们基于这些假设所说的观点。

很多时候，揭示提问者的预设就揭示了为什么这个问题难以回答。当然，如果有人问你从这里到"虚无之地"有多远，你会以各种理由拒绝回答这个问题。这个问题预设了"虚无之地"是存在的，到它的距离是可测量的，是一个特定的位置，等等。如果有人问你冬天和城市哪个更暖和，你也会拒绝这一问题，这个问题假设冬天和城市可以在温度方面进行比较。如果有人问"世界将如何终结？"我们可以问提问者为什么假设世界会终结。

教师可以向儿童展示如何对问题和断言进行批判性辨析，以找出它的前提，确定它们的根据。我们可以这样提问：

你不是假设……？

你说的前提是不是……？

你说的是不是基于这个概念……？

你刚这么说,是不是基于你的信念……？

如果你没有碰巧相信,你会那样说吗……？

如果一个孩子问你:"熊和哺乳动物有什么不同?"他可能是假设哺乳动物只是另一种动物,你可以纠正他的错误假设。但在有些情况下,儿童的假设是正确的,但他推理出的观点却是错误的。例如,一个小孩子可能会断言树永远不会死。你问他这个信念的前提是什么,他回答说:"只有活物才会死亡。"在这种情况下,他预设的前提是正确的,但从预设中得出的结论是错误的,因为此时他的另一个预设是错误的,即"树不是活物"。

指 出 谬 误

当课堂讨论中出现了逻辑谬误,老师就应该立即指出来。如此经过一段时间后,学生自己会开始指出谬误并相互纠正。教师可以指出诸如此类的谬误:

谬　误	原　因
我不会相信她关于历史的任何观点,因为她的祖父曾在监狱服刑。	攻击提出论点的人而不是论点本身。
我相信他所说的关于政治的话。毕竟他是国家棒球联盟的头号击球手。	求助于权威,而且当事人在某一特定问题上并不是权威。
我一直在想他的投球无安打。他未能投出无安打的原因:我诅咒了他。	草率下结论——在这种情况下,这个想法发生在事情之前,因此假设它导致了所发生的事情。

除这些之外，还有许多其他类型的谬误。逻辑课程的目标之一是使人们能够认识到诸如此类的谬误。如果老师容忍学生犯这样的谬误，那是在放纵学生草率思考，而且也无法让他们认识到什么是糟糕的理由。就算他们找不到最好的理由，也不能容忍那些更差的理由。

询 问 理 由

哲学讨论的目标之一是推动学生思想的系统呈现。一个理论通常不是一个单一概念，而是一个概念网络。类似地，哲学论证是对思想的系统呈现，因为它包含由一个或多个理由支持的结论。

儿童提出他们的信念或观点后，通常不会对其加以论证。教师应设法引导他们为这些信念或观点提供理由。渐渐地，其他学生会接替这个角色，并会要求同学们都这样做。随着时间的推移，学生会养成这样的习惯——只有在有理由支持的情况下才发表观点。

一个理由可能与结论有正式的联系，也可能没有。如果一个学生说他不相信火星上有小绿人，她可能会提出理由："现在没有证据表明火星上有小绿人。"另一方面，她可能会（正确或错误地）按照以下方式争论：

只有地球居民是人类。
火星人不是地球居民。
因此，火星人不可能是人类。

将这位学生的观点转述为一个标准形式的逻辑论证，就可以看出她的理由（作为前提）和结论。在班级讨论时，我们就可以讨论有争议的第一个前提。

在引导学生给出理由时,问题可以相当明确:

你这么说的理由是什么?
你为什么会这样认为?
你有什么理由相信……?
你能否提供一个论据来支持你的主张……?
你为什么这么说……?
为什么你认为这个观点是正确的?
你能说些什么来捍卫你的观点?
你能说些什么来证明你的观点是正确的吗?
你能告诉我们你为什么这么认为吗?

当人们提供一个理由时,通常是因为相比于观点,这个理由争议更少且更容易接受。换句话说,我们选择这些理由是因为它们具有合理性。

比较以下这些讨论:

问题:为什么你认为钾是一种矿物?回答:因为我的科学课本上说它是。

问题:你为什么说即使有人伤害了你,你也不会去报复?回答:因为两个错误不等于一个正确。

问题:为什么你认为外国人是神秘的?回答:因为他们总是用我听不懂的语言说话。

问题:国歌这么难唱,难道不应该把它换掉吗?回答:我认为支持它的理由是它既美妙又不寻常,超过了你反对它的理由。

问题:为什么你喝酒时不听收音机?回答:因为我听腻了人们谈论过度饮酒会导致酗酒。

上面引用的一些理由是合理的,而另一些则不是。在有些情况中,理由并不一定比结论更合理。因此,在引导儿童说出理由时,应该坚持让他们尽量提供好的理由——具有高度合理性的理由。

教师应该帮助学生区分他们所采取的立场和他们所提供的理由。在对话中进一步要求,教师应该引导学生为其立场找到最佳理由,不管教师自己对于这些立场持何种态度。因此,老师与其批评学生的理由很差,不如帮助这些学生找到更好的理由。例如,教师可能会谴责猎杀动物,但当他和学生讨论《丽莎》的第二章时,一名学生为狩猎辩护,理由是狩猎为猎人提供了提高射击精准度的宝贵机会。在这种情况下,教师不用太关注这种论点的不合理性,而是应该帮助学生寻求更好的理由来为狩猎辩护,例如这些动物是食肉动物,或者它们的数量过多是危险的。哪怕人们仍然认为反对狩猎的理由超过支持狩猎的理由,学生们也会因此收获很多。

让学生说出他们是如何知道的

用"你怎么知道?"来提问非常有用,可以让儿童给出更多的解释。这个提问可能会引出理由,因为有些学生会把这个问题理解为对理由的要求。例如:

"我觉得要下雨了。"

"你怎么知道?"

"因为天气预报说有雨。"

有时,用"你怎么知道?"来提问可能会引出判断的证据——观察结果或者统计情况——用以支持所陈述或主张的内容。例如:

"我觉得要下雨了。"
"你怎么知道?"
"嗯,北方有暴风云,风开始增大,气压下降,而且我的脚踝开始像下雨叫一样难受。"

还有的时候,"你怎么知道?"这个问题可以引出解释——从字面上解释一个人是如何知道的。例如:

"我觉得要下雨了。"
"你怎么知道?"
"通过反思证据,并考虑到我过去的经验。"

显然,询问儿童为什么相信(询问原因)和询问他们是如何知道的,这两者是有区别的。后者实际上是要求他们解释知道的过程,并说明为什么自己对观点深信不疑。

引出和评估其他选项

如果有儿童说,为了变得富有,人应该不诚实。你肯定想告诉他致富还有很多其他方式——很多人并不是靠着欺骗变富有,而且人生中还有除财富以外的其他目标。当然,如何选择最终是由孩子自己决定,但至少你会帮助他看到还有很多其他的选项。

儿童经常认为,他们看待事物的方式是唯一的方式,没有考虑过其他的可能性,因为他们没有意识到还有其他替代方案。所以,教师需要提醒他们,还有很多其他的可能性需要探索,将他们从狭隘的思维中解放出来,帮助他们识别和审查其他选项的可能性。

如果一个学生坚持认为所有物体都会落到地上,教师可以向班级同学询问物体是否可能不落到地上。如果学生认为"死后可以复生",教师可以和学生一起探索该观点的其他可能性。如果有儿童坚信一切都是美好的(或一切都是可怕的),他们都需要更审慎地考虑其他可能。

你可以通过以下提问来鼓励儿童思考其他选项:

> 有些人是这么认为的……
> 你认为在这个问题上还会有其他可能的观点吗?
> 这件事还能怎么看?
> 其他人会有不同的看法吗?
> 假设有人想反驳你的观点,他们会采取什么立场?
> 对于这个话题,你认为你的观点是唯一的吗?
> 是否存在某些情境,在其中你的意见可能是错误的?
> 是否有其他更可信的方式来看待这个问题?
> 是否有其他可能的方式来看待这个问题,即使是错误的?
> 除了你的解释之外,是否还有其他可能的解释?
> 难道也不能这样……?

如果有人建议……怎么办？

需要注意的是，我们向儿童提供多种选择，不是用来混淆或迷惑他们，而是让他们摆脱狭隘或僵化思想；也不是要强迫他们放弃自己的信念，而是要培养他们发现和评估其他选择的能力。

精心组织讨论

有的老师即使学会了上面所有的典型问题，一个接一个地在班级提出这些问题，可能仍然无法组织真正的哲学讨论。因为提出的问题必须要适合讨论的情景。某个学生提出了一个惊人的观点而其他学生有不同的理解，此时这一观点的意义是不明确的，教师应该首先帮助他们澄清该观点，而不是去讨论这个观点会有什么长远影响。同样，当全班对某个观点的讨论顺利且富有成效时，教师就不能再引入一些问题（例如对术语进行定义）了，这样会适得其反。

知道什么时间问什么问题在很大程度上取决于课堂经验、哲学洞察力和技巧。随着教师的经验越来越丰富，他们会形成一个问题清单，并且可以迅速选出适当的问题，而无需反复考虑或犹豫不决。最有经验的老师能够熟练地提出每个适合的问题，就仿佛是为讨论量身定制一般。如果教师总是事先准备好一套问题并重复使用，儿童们很快就会发现这些事先准备好的问题，并给出一些事先准备好的答案。唯一的办法是采用对话的方式，使各种问题能够以随意和即兴的方式提出，这样这些问题就不会机械地出现，反而会促进讨论的发展，使讨论达到更高水平。必须牢记的是，提问的目的是将问题探讨得更加全面，而不是更加抽象。例如，一个班级正在讨论将哪个年龄定义为"成年"是公正的——可以投票的年龄,还是可以进入剧院的年龄。或者正在讨论为什么烟草酒类的广告可以出现在杂志上而不能出现在电视上。随着讨论的进行,教师适时地提问"什么是公平?"或"什么是一致性?"这样的问题,会很有效果。通过这种方式,学生发现自己能够抓住问题的要点,并开始理解之前的困惑,他们就会产生深刻满足感。哲学讨论正是以这种方式来探讨人类经验中最根本的东西。

对于新手教师来说,只讲述哲学教学的技巧无法帮助他们解决问题。首先,必须承认,哲学家们自己在教授哲学时可能都不完全清楚这些方法。因此缺乏一套关于哲学教学的完整理解,当下这些说明还是不够充分的。其次,即使我们能够做出充分的说明,但如果没有哲学家的示范,或者教师不亲自参与哲学讨论,那也是不够的。这三个组成部分——**理论说明、实际范例和亲身体验**——对于教师在基础教育阶段教授哲学是必不可少的。

向儿童教授哲学的技艺并不能在短时间内掌握。老师们可能会持续几个月没有明显进步,直到有一天突然发现自己能够很自然地去践行。这种经历反过来又增强了老师长期奋斗的价值感。教师达到一定的水平后可能会进入平台期,发现难以提高,这种情况也是很常见的。他们能成功地引出儿童的看法、询问出不同的观点、并给出相应的例证,但他们还无法进入到更哲学层面的对话——进行推论、总结概括、指出矛盾、询问潜在假设以及强调理智上的融贯性。哲学家们善于设计一连串的问题,激发学生去寻找更加全面的解释。专业哲学教师善于回应学生的评论,赞扬学生取得的进步,同时也会指出学生提议的不足之处。哲学家们对于课堂可能永远都不会满意,不管学生的评论是什么,哲学家们总能够发现一些令人困惑的地方并就此提出问题。对于学生的评论也同样如此:可理解的得到确认,令人困惑的则被关注,师生都感到有必要进行更进一步的探究。通过这种方式,所讨论话题的领域会不断扩大,尽管完全消除该领域的所有谜团是不可能的。世界是一个永远也解不完的谜,一位优秀的哲学老师永远不会认为自己已经不需要再思考了。哲学家的这种坚持不懈的探究精神很难通过技术、策略或诀窍来说明或传达。好奇是无法伪装的,它必须从自己的经验中成长起来,而产生这种体验的最好方法是由老师来示范,然后在潜移默化中使学生"感染"它。一旦受其感染并从教条的思考中解放出来,学生就会迫不及待地去"感染"其他同学。

哲学课堂上的讨论不能是一种线性的发展。对于哲学而言,新的启示通常伴随着对更深刻奥秘的新鲜感,否则哲学将无法持续激发惊奇,哲学也早就消亡了。

以上提供了引导儿童参与哲学对话的建议,这些都是战术性的。也就是说,它们针对的是具体问题。然而,除了掌握一套方法清单外,教师还必须牢记更具普遍性的教学策略。

按观点分组

教师记住学生提出的各种建议并将这些建议分成组,每个组代表一个特定的立场或论证模式,这种方法很有用。老师可以通过总结这些立场或论点,帮助学生形成一种更全面的理解。当然这种方法也不都是有效的,如果课堂讨论已经明显地两极分化,每个人都知道各自所采取的立场不同,那么总结很可能是多余和冗赘的。所以对不同观点的分类归纳只能在那些适合的场合中进行。

适时收放

随着教师越来越善于组织讨论,就会发现自己的提问是出于某些策略上的考虑,例如他们希望拓宽学生的思考范围,或者想要使讨论的思路更加集中。

为了展开讨论并鼓励观点的多样化,教师可以在某些关键问题上引入不同的观点,从而激发班级成员对不同观点的讨论。例如,在《哈利》的第五章中,马克认为所有学校都很糟糕,而哈利认为只有那些由不了解儿童的人开办的学校才是糟糕的,哈利用更精确的区分代替了马克较为笼统的观点。以类似的方式,教师可以引入不同的观点,在课堂上为学生提供更多的选择。此外,教师还可以使用前面"引出和评估其他选项"一节中的提问,从而在讨论中引入更多的观点。

有时候教师想指出,课堂上的某些观点彼此直接冲突。为此,教师要指出这两种观点是不相容的,它们所蕴含的意义会相互矛盾。例如,假设班上一个人断言"没有女孩是童子军",另一个人断言"有些童子军是女孩"。简单地使用《哈利》中的逻辑(通过颠倒第一个命题的主语和谓语),教师就能够向全班展示这两个原始命题是不相容的,因为它们导致相互矛盾的命题。

在其他情况下,教师通过指出学生未注意到的联系来引导讨论。教师可以指出,有些被认为不同的事物可以合理地组合在一起,或是指出班上不同成员提出的论点实际上是在说相同的事情(或是可以实现一致的立场)。因此,尽管存在明显的差异,教师的角色有时是统一大家的观点,有时是鼓励学生进行争鸣。至于应该采用哪种方案,应该视具体情况而定。需要明确的是,教师作为讨论组织者的角色是补充性的,要明白当前的讨论缺少哪些部分——是该收还是该放——自己就要为讨论提供那些部分,这样教师的工作才更有成效。

将讨论推向更高水平的概括

前文已经提到,儿童的问题会将讨论推进到更高水平。比如,当一个孩子被要求将两个数字相加时,他可能首先要对数字进行说明,或者当一个孩子被问到他的房子有多大时,他可能反问大小是什么。

在儿童哲学的小说中经常有这样的例子,儿童们在反思时会停下来思考所使用的概念和术语,而不是继续不加思索地使用这些术语和概念。如果教师能引导儿童去阐释、分析那些被认为是理所当然的概念,那将是非常有意义的。

第三部分

将思维技能应用到学校生活

第八章 培养儿童的逻辑思维能力

逻辑在儿童哲学中具有三重含义。首先，它意味着形式逻辑，是支配句子结构和句子之间的关系规则；其次，它意味着给出理由，人们要为自己的言行提供理由并进行评估；最后，逻辑意味着理性地行事，同时关注合理行为的标准。这三重含义都会在儿童哲学中以不同的方式展现。

形式逻辑有助于哲学思维

形式逻辑的规则支配着句子，它可以促进儿童自我意识的发展。**形式逻辑提供了一种工具，让人们能够以一种结构化的、条理清晰的方式来把握和考察自己的思想。**这些规则有助于儿童意识到自己的想法并有序地进行反思，特别是在哲学思考而非日常生活中（在日常生活中，人们往往很少刻意地按照形式逻辑的规则来思考）。因此我们要明白，形式逻辑在儿童哲学中的主要目的是，帮助儿童意识到自己能够有条理地反思自己的思维。

通过参与深思熟虑、具有反思性的讨论，儿童对自己独立思考的能力会更有信心，进而会更仔细地评估自己或他人的言论。这些都是他们的自我不断强化的过程，一旦儿童开启了这个过程，他们的哲学思考就会变得更加出色。但要如何帮助他们走上这条道路？如何鼓励他们不断地独立思考呢？形式逻辑能够起到很大的作用。

形式逻辑的作用

如果你曾经上过逻辑课，你可能会对用形式逻辑促进儿童独立思考产生怀疑。因为形式逻辑通常以教科书的方式呈现，除了需要记忆一些规则，还要反复做一些书面习题，它似乎与反思性思维完全相反。但在儿童哲学中，形式逻辑不是以课本的形式呈现，而是以小说的形式呈现，而且特别鼓励儿童自己想出例子来说明规则。这两种变化塑造了一种完全不同的学习方式。

《哈利》和《丽莎》中有大量篇幅描述了儿童们如何发现并验证形式逻辑规则，以及用具体事例来说明这些规则。这些规则不是呈现在一种抽象的系统中，而是置于多样的情景中让儿童自己去发现。直到读完《哈利》，儿童才开始意识到规则可以系统地组合在一起，或者《丽莎》读到一半，他们才发现自己是如何组合规则的。最后，也是最重要的一点，这些规则并没有被冠名"形式逻辑"这一专业术语，而是始终被描述为思考的规则。小说中还展示了许多其他的思考规则，这些规则出现在丰富的、综合的语境中，儿童可以通过这些语境来感知规则的应用及其局限性。在这里，教师通过提供戏剧性的教学情境来帮助学生发现和应用规则，鼓励学生自己想出例子来说明这些规则。当然，为了更好地教授规则，老师可能需要花一些时间来熟悉小说和手册中的例子。但只有当每位儿童都能够为规则提出自己的例证时，以哲学方式教儿童形式逻辑的任务才算最终完成。只有走完这最后一步，形式逻辑才能帮助儿童有条理地反思自己的思维。教师还可以让学生为自己的例子设计故事情节（也可以借用小说中的人物）来帮助说明，以此来丰富这一过程。

从学习教科书中的规则并练习,到通过讨论、模仿发现哲学小说中的逻辑规则,这种简单而深刻的变化非常有利于儿童独立思考。指望儿童靠自己发现形式逻辑规则是不现实的。无论这些规则多么抽象,我们要将这些规则转化为儿童们可以理解的东西,并引导他们找到自己的例子来说明这些规则。在哲学小说中,主人公们通过各种努力去说明规则及其反例,最终获得了成功。这鼓励现实中的儿童思考每条规则,这也许是他们有生以来第一次开始认真倾听自己的想法。但在这里,我要做如下提醒:

由于儿童是通过自己不太成熟的思考得出的例子,因此可能会表述得有些瑕疵,从而容易招致同伴们的批评。教师必须注意,千万不要因一句不经意的批评而毁掉一个孩子刚刚形成的自我意识和有序思考的最初成果。在对学生的事例提出异议之前,教师必须已经与该生以及其他同学之间建立起一种信任和相互尊重的关系。教师可以先引导学生关注小说中的主人公,讨论这些虚拟人物对规则的说明与测试,教师要悉心处理这些讨论以此来培养与学生之间的信任和尊重。

在努力进行有条理的思考时,儿童对失败很敏感,但也会因成功而感到极为兴奋。人们总是要求学生以一种严肃的、"成熟"的方式来学习形式逻辑。如果他们能意识到,形式逻辑是学生绝对可以掌握的东西,能够储存于他们的头脑中,并能独立、熟练地被运用,还可以与他们天生对于语言的爱好融为一体。那么学习形式逻辑将会成为儿童极大的乐趣,以儿童哲学的方式学习形式逻辑更是如此。鼓励儿童享受纯粹的心灵愉悦对他们形成自我形象很关键,这是非常重要的一点。

形式逻辑可以促进思维系统的发展,因为它的规则是关于语句的规则,而思维和语言密不可分。掌握和使用这些规则有助于儿童思考自己和他人所说的内容。形式逻辑的优点是规则清晰准确,能够使思维条理清楚。因此,这些规则的运用有助于培养批判性思维,但这种思维还不能称之为哲学思维。

如果认为仅靠形式逻辑就能促进哲学思考,那是错误的。虽然形式逻辑可以作为一种有效的手段来帮助儿童有条理地进行思考,但它没有给出形式逻辑的使用线索——基于形式逻辑的思考在什么时候是有益的和合适的,在什么时候是愚蠢和荒谬的。批判性思维只有在意识到自身批判标准的局限性时才会成为哲学思维,形式逻辑本身并不能提供这样的洞察力。

为什么要学习三段论?

为了使形式逻辑有效促进儿童思维的发展,它的规则应该易于理解和使用。由于10至14岁的儿童通常已经熟悉母语,因此对该阶段的儿童而言,三段论是一个非常有用的形式逻辑系统,它支配着那些由主语名词和谓语名词组成的句子。儿童哲学中不需要太复杂的三段论推理,只需那些以"所有""有些"或"没有"开头的、并用动词"是"来联接的句子即可。例如,"所有绿龙都是喷火者"这句话就符合这些要求:以"所有"开头,以"是"联接,主语和宾语分别是"绿龙"和"喷火者"。另一个例子是"有些赛马跑起来是飞快的",以及"没有猫是老鼠"。与之相反的句子——"有些绿龙不是喷火者""没有赛马跑起来是飞快的""有些猫是老鼠"——也包含在系统规则中,都受系统规则的约束。对那些不符合三段论标准的句子通常可以进行改写,如"第一印象是欺骗性的"可以改写为"所有第一印象都是欺骗性的"。重写句子以使其符合逻辑系统的规则称为标准化。

不过,也有许多句子无法被标准化。带有单数主语的句子是明显的例子,例如"杰西·詹姆斯是个不法分子"。还有一些句子也无法标准化,包括表达关系的句子(如"罗纳德在吉米的右边"),带有混合量词的句子("每个人都爱某人"),以及非描述性的句子(如"请不要站在我的脚上""我保证我会在那里""你今天不能出去")。

除了使用熟悉的语言模式外,在儿童哲学中使用三段论的另一个原因是它的规则可以揭示人们的思维习惯。例如,儿童在很小的时候就会发展分类能力,但他们并不清楚自己是以什么标准来划分事物的。许多重要的分类模式都符合三段论规则。例如,"所有的狗都是哺乳动物,所有的小猎犬都是狗,因此所有的小猎犬都是哺乳动物"。因此,学习三段论的规则可以帮助儿童理解分类模式,并鼓励他们以合理的方式使用分类法。

选择三段论的最后一个原因是它的规则很简单且数量不多,易于陈述和记忆,也不要求掌握逻辑或哲学的知识。这些原因使三段论对儿童哲学教学极为重要。当然,这不是说三段论是帮助儿童理性思考的唯一方法。

不熟悉形式逻辑的教师在使用这些小说时,可能会纠结是否需要强调三段论。其实,他们应该放下这个纠结,先去反思儿童为什么要学习形式逻辑,然后去比较其他可以达到该目的的教学方法,最后再来"纠结",看看选择哪个方法。熟悉形式逻辑的教师可能想引入一些小说中没有提到的三段论规则,或者用形式逻辑中的其他系统代替三段论。一旦他们超出了小说的范围,就有可能与小说所提供的以儿童为中心的学习情境产生脱离。除非老师能有办法避免这一后果,否则不建议改变小说中的形式逻辑内容。

形式逻辑系统的相关特征

逻辑规则系统可以帮助儿童培养有条理的思维,因为逻辑规则与这种思维具有类似的特征。形式逻辑主要有三大特征:首先是一致性,即没有自相矛盾;其次是逻辑推论,即描述一个判断如何逻辑地从其他判断中推导出来;最后是融贯性,即各个规则是如何组合成一个系统的、连贯的整体。

1. 一致性

三段论的规则不允许两个互相矛盾的判断同时存在。例如,"所有猫都是哺乳动物"和"有些猫不是哺乳动物"这两个相互矛盾的判断就不能同时存在。如果我们接受第一句话为真,就不能再接受第二个。反之亦然,如果我们接受"有些猫不是哺乳动物",那么就要拒绝"所有猫都是哺乳动物"。规则并没有告诉我们哪些判断是真的,哪些判断是假的,但规则确实告诉我们,如果接受了一个判断,那么就不能同时接受与它相矛盾的判断。

三段论强调一致性,正如我们在日常生活中会期望每个人都能前后一致。如果一个人肯定某事,然后又不加解释地否认了它,那么其他人会对这个人的自相矛盾感到震惊。而且,正如第四章中对一致性所描述的那样,人们有充分的理由怀疑自相矛盾的人没有真正考虑过自己的话。形式逻辑排除的正是这种语言上的不一致,而学习这些规则可以帮助人们识别这种自相矛盾的毛病。

2. 逻辑性

三段论规则制约着形式推理的某些模式。各判断之间的关系是逻辑推论的具体表现,一个判断基于逻辑的确定性而从其他判断中推导出来。这种思维模式的一个主要特征是:不可能从真判断得出假判断。

按照逻辑推论的规则进行思考,儿童就会更加关注观点之间的关系。回顾一下《哈利》第五章中的例子:

"看"他说,哈利从口袋里掏出一袋糖果,里面差不多是满的。"假设你不知道这个袋子里装的是什么糖果,然后我拿出三块糖果,它们都是棕色的。那么这个袋子里会有其他颜色的糖果吗?"

"你的意思是,我不去看其他糖果就能知道它们的颜色吗?不,我想我不会。"

"对的",哈利喊道。"如果你只知道袋子里的一些糖果是棕色的,你就不能说,因为有些是棕色的,所以有些肯定不是棕色的。"

这里哈利关注到两个推论过程:(1)从一个真的判断"有些"到"所有"判断的转换;(2)从一个真的判断"有些"到"有些……不是……"判断的转换。这两处判断都违反了逻辑推论的规则。

如果儿童能够更多地发现那些违反了逻辑推论的表述,他们就会更敏锐地察觉那些看似正确实则错误的思维过程。再来看《哈利》中的另一个例子:

丽莎早上乘公共汽车去上学,她高兴地发现弗兰也在同一辆车上。两个女孩一起聊了几分钟。然后她们才发现,坐在前面的两个男人说话的声音很大,似乎在为某事生气。她俩断定男人们是在谈论政治,这时无意中听到其中一个男人说:"这个国家真的要完蛋了,因为这些人总是过分地强调他们的公民权利。每次我看报纸,都会看到有些律师为一些激进分子辩护。你有没有注意到这个国家所有的律师都偏爱民权?你有没有注意到这个国家所有的激进分子都偏爱民权?这难道还不足以证明所有的律师都是激进分子吗?"

弗兰连忙打开笔记本,在上面写道:

所有的律师都是偏爱民权的人。

所有的激进分子都是偏爱民权的人。

因此,所有的律师都是激进分子。

在下面,弗兰写了她前几天用过的例子:

所有的小鱼都是鱼。

所有的鲨鱼都是鱼。

因此,所有的小鱼都是鲨鱼。

她把笔记本拿给丽莎看,丽莎高兴地尖叫起来:"我知道,我知道。我注意到了同样的事情。当时没法说所有的小鱼都是鲨鱼,这里也没法得出所有的律师都是激进分子。"

当然,这个场景是虚构的,但其寓意一目了然。当儿童以儿童哲学的方式使用三段论规则时,他们会对错误的思想变得更加敏感。

3. 融贯性

三段论的规则在一个融贯的系统中相互配合,就像拼图的各个部分组合成一幅完整的图画,或者好比一台发动机的各个部件一起协同工作。在《哈利》和《丽莎》中,提出了三种关于三段论融贯性特征的阐释。首先,这些规则被描述为表达集合之间的数学关系;其次,作为表达"全部""有些""不是""是"的逻辑意义;最后,被用来说明某些思维模式。规则的前两种解释对当代符号形式逻辑的标准有重要影响,可以作为高级逻辑课程的主题,而第三种意义上的融贯性与特定的思维模式紧密联系,因此与儿童哲学课堂直接相关。

《哈利》和《丽莎》中展现了大量儿童独立发现逻辑规则的例子。尽管从专业角度来看,所有的这些规则都可归为三段论,但无论是书中的儿童还是现实中的儿童都无法从这种专业分类中受益。此类规则的专业研究会给他们带来什么结果,这是一个悬而未决的问题。正是由于这一疑惑,小说中的儿童才会要求对规则所揭示的思维模式给出说明。

《丽莎》中有两个很典型的例子。在第六章中,哈利和托尼抽出三个短语并进行配对组合,从而形成了三个连续的"全称"判断。令他们惊讶的是,他们很快发现所有这些组合并不都是一致的。他们将这一发现告诉弗兰和丽莎,丽莎说:"你们只能证明一种组合成立,而另一种不成立。但你们无法解释为什么,所以问题出在哪里?"在第九章中,托尼要求希瑟解释:"希瑟,你说过你会告诉我们你是如何找到正确的组合的,我想知道规则是什么。快点告诉我们吧!"这些例子说明了为什么有的思维模式是正确的,有的是不正确的,这都体现了对融贯性的要求。

融贯性本身并不能提供具体的解释,但对融贯性的需求本身就说明了它的必要性。融贯性关注的是,为什么所有规则可以协同工作,以及按这些规则去思考的意义何在?从这个意义上说,规则必须是融贯的,因此这些规则本身就值得单独研究,通过这些研究能深刻理解规则所规定的思维模式。由于三段论规则体现在儿童自己的思维模式中,这种对融贯性的要求充分证明儿童自己的思维模式是可以被理解的,也是值得关注的。

年龄与阶段:10—14岁为何是三段论学习的关键期

正确地教授形式逻辑可以促进哲学思维的发展,尽管现实生活中直接应用形式逻辑规则的情况不多。形式逻辑体系仅适用于某些类型的句子,现实中人们很少直接求助这些规则。形式逻辑可以促进理性思维的发展,在于它能够培养某些特殊的品质,例如对矛盾的敏感性、对逻辑推论的重视以及关注思维的融贯。这些品质能够应用的范围远远超出形式逻辑的范围。

形式逻辑可以帮助10—14岁的儿童发展这些品质特征,那么随之而来的问题便是"为什么是这个年龄阶段"?答案很简单,三段论已经被证明适合这个年龄段的儿童。当然这并不是说三段论是唯一适合这些儿童的形式逻辑。儿童哲学小说中呈现了丰富多样的哲学主题,形式逻辑只是其中一个。因此,从小说中的非形式特征上看,就可以很好地说明为什么三段论适合这个年龄段的儿童,而这一部分恰好对这些儿童有很大的吸引力。此外,在观看录像和观摩课堂时,我们经常惊讶于儿童可以完成一些相当复杂的推理,他们展示的推理甚至远比三段论规则复杂得多。当然,这并不意味着儿童掌握了这些推理背后的复杂规则,但这些观察表明,三段论规则并不能完全满足儿童的思维需要。

目前有大量关于儿童逻辑能力的心理学研究,其中最著名的代表人物是皮亚杰。这一研究对我们的工作很有启发性,但并不能由此断定三段论是10—14岁的儿童唯一所能学习的形式逻辑类型。儿童可以有效地利用三段论的逻辑,同时也可以与其他逻辑一起使用。

给出理由:获得充分理由的方法

虽然形式逻辑可以帮助儿童有条理地思考,但它的实用性非常有限,并不能直接促进儿童思维结构化。这就需要另一种逻辑知识——获得充分(或好的)理由的方法(good reasons approach)——一种可以在很多场合进行广泛应用的审慎思维。

与形式逻辑的规则相反,这种方法并没有具体的规则,而是根据给定的情况寻找理由并评估理由。探究中的理由很大程度上取决于其情境,判断一项探究是否合理、一个理由是否充分,最终取决于情境。因此,获得充分理由的方法很大程度上依赖于判断理由好坏的直觉。这种直觉需要通过接触各种各样的情境(可以在其中运用此方法)来培养,儿童哲学项目中的材料(小说和手册)提供了大量这样的情境。

获得充分理由的方法的主要作用在于评估自己和他人(对某一行为或事件)的想法。在儿童哲学中,这种逻辑能够帮助儿童更广泛地应用结构化的、深思熟虑的思维。这样的发现必然会鼓励儿童进行条理化的思考,但这一逻辑本身更加关注思维方法的多样性,而不是如何鼓励儿童使用这种思维。

推论的类型

可以对任何事物展开探究,比如好奇、烦恼、喜悦、困惑、兴趣、恼怒、阴谋等,一旦开始探究,充分理由的方法就派上用场了。在寻找理由时,先要意识到探究问题所处的具体情境,包括当时的感知、话语和证据的影响,并将这个思维过程提取出来,这个活动就是推论(inference)。这里我们将讨论不同的类型,每种推论以一种特殊的关系为探究焦点提供理由。这种关系有时被描述为归纳、类比、解释或行动—指导推论(action-guiding inferences)。这些是主要的推论类型,此外还有许多其他类型。要详细考察这些类型就需要进行广泛的研究,了解它们的主要特征可以帮助我们更好地了解这一方法。

归纳推论通常是从具体事物到一般事物的概括过程,但这种概括超出了具体案例所能提供的证据基础。在《哈利》的第五章中,有些归纳推论受到了批评。

玛丽亚看起来若有所思:"人们总是喜欢仓促下结论。如果他们遇到一个波兰人,或者一个意大利人,或者一个犹太人,或者一个黑人,他们马上就会得出这样的结论,那就是所有的波兰人都是这样,或者所有的黑人都是这样,或者所有的意大利人或犹太人都是这样。"

"没错",哈利说,"有些人就是喜欢仓促下结论"。

马克总结了他在学校的亲身经历以及其他学校的儿童的报告,从而给出了一个结论:"各地的学校都很糟糕。"马克基于更广泛、更多样化的证据进行归纳,而不是基于对单个个体的概括。在这两种情况下,都有一个从特定事物到更普遍事物的推理过程。

类比推论以两种不同类型事物之间的相似性为前提,并由此判断其他方面的相似性。《丽莎》的第一章中出现了一系列类比推论,涉及人与动物之间的相似性。例如,将狩猎动物与杀戮进行对比。有些儿童认为人和动物非常相似,他们认为这样的类比是成立的;而另一些儿童则拒绝:"兰迪用力摇了摇头。'你只需要记住人和动物有相似的地方但仍然不同。你对动物做什么并不重要,但你不应该对人做同样的事情。'"这就引出了关于动物是否有权利的讨论,从而进一步探讨了这个类比。

解释性推论可以回答诸如"为什么会发生这种情况?"或"为什么会这样?"之类的问题。他们假定自然界中存在某些规律性,并将事件与特定规律联系起来。举个例子,"为什么灯灭了?"可以用"断开了开关"来解释。对于熟悉开关和灯之间连接的人来说,这是一个原因,在适当的情况下,这是一个很充分的理由。

行动—指导推论意在证明某人所做的事情是正当的。这样的推论预设了一套必须遵循的体系或特定的行为规则,或是某种特殊情况(可以证明违反实践体系或行为规则是合理的)。《丽莎》中一个主题是丽莎寻找自己是否应该吃肉的理由,以及如何评估行动—指导推论。她知道她的家人有吃肉的习惯,这一实践可以说明吃肉是合情合理的,但她不确定这个理由是否充分。丽莎意识到必须杀死动物才能获得肉食,同时她认可上述动物和人的类比,因此她对吃肉感到不安。她认为这可以作为一个理由来违反实践传统,但她仍然对她应该做什么感到困扰。最后,她提出了以下行为准则:"如果我真的爱动物,我就不会吃它们。"按照她的思维方式,这是她不该吃肉的充分理由。

不难看出,要对归纳推论、类比推论、解释性推论和行动—指导推论进行评估,需要条理性的、反思性的思维。以马克的归纳推论为例,"各地的学校都很糟糕"。我们可以邀请学生评估这个推论,讨论马克所引用的证据能否支持他的结论。对于任何归纳推论,都可以邀请学生将证据与结论进行比较，鼓励他们描述在什么情况下归纳是合适的，在什么情况下是不合适的。由于归纳推论超越了现有的证据，儿童可以发现，一个归纳推断的好坏，在很大程度上取决于已知的信息。要达到这一点，需要对归纳推论、比较证据、总结概括和背景知识进行大量结构化的思考。这也适用于类比推论、解释性推论、行动—指导推论等其他类型的推论。

应该记住的是，充分理由的方法不是通过使用诸如"归纳推论""背景知识""类比推论"等专业术语来教授的，而是通过对发生归纳、解释、行动—指导推论的具体现实情境进行详细的研究来培养的。通过这种方式，有条理的思维才能得到具体的应用。在儿童哲学中，应该更多使用"这是……好的理由吗？"这样的问题来代替上述专业术语。

探寻理由活动的特征

虽然充分理由方法不像形式逻辑那样有明确的规则，但是二者在探究理由和评估理由方面具有一些共同的特征。将这些特征与第六章中的指导哲学讨论结合起来看，读者可以获得很多启发。下面列出探寻理由活动的四个特征：

公正性。探究的过程应该是不偏不倚的，看待问题时要避免带有偏见或歧视，不能无视他人意见或建议。探寻理由的活动应当以公平的方式进行，所有参与讨论者在得出定论之前都有发言权。

客观性。探究的过程应该是客观的，避免对结果有先入之见，并实事求是地对待他人得出的结论。如果探究得到相关探究共同体的认可，则探究是客观的，反之则不是。

尊重他人。探究过程应避免伤害他人或令他人感到尴尬。每个人都可以提出重要的理由，将任何成员排除在探究范围之外都会让我们失去一个信息来源，最终可能会导致讨论的偏离。

寻找进一步的理由。如果探究过程中有人对结果不满意，可以邀请其他成员寻找进一步的原因。无论使用什么方法，问题的讨论都必须足够开放，鼓励进一步的探究，而不是阻碍或阻止探究的发展。

使用这些特征的前提是探究者对"什么是合理的"有一种直觉。虽然这种直觉无法被表述得很精确，但也不应将其描绘成某种神秘的内心感觉，它只是一种关于合理与否的粗略感觉。对于某一行为是否违反了上述四点要求，人们有时可能会意见不一，但这种分歧通常仅限于那种模棱两可的情景。

《哈利》第七章中有一个这样的情景。在讨论戴尔是否应该向国旗敬礼时，苏琪建议他应该向国旗敬礼，因为"规则就是规则"。主持讨论的哈尔西夫人接受了这一点，认为如果我们制定了这些规则，就应该遵守这些规则。然后米奇坚持说："不，规则是用来打破的。你不知道'每条规则都有例外'吗？嗯，戴尔的情况是个例外！所以我认为，如果他不愿意，戴尔就不必敬礼。"哈尔西夫人批评了这种"每条规则都有例外"的用法，暗示它过于特殊，与我们讨论的目的无关。但托尼、桑迪和马克随后指出它跟当前的讨论是相关的：如果人们没有参与该规则的制定，那么，在这些人不愿意遵守规则的情况时，规则就可以有例外。这样一来讨论就陷入了僵局，读者只能猜测"每条规则都有例外"是否可以成为戴尔不必向国旗致敬的原因。这是关于逻辑探究的一个不错的例子。虽然儿童经常自己主动进行逻辑探究，但通常是分散的、不连续的，并不会聚焦于一个持续的探索过程。

在实践中，探究的过程和对理由的评估经常结合在一起。在探究的过程中，寻求理由的过程和评估理由的过程是交替进行的。但是将寻求理由的特征与评估理由的标准区分开来还是很有必要的。第一步先为某事搜寻理由,第二步再来评估这些理由,判断某个理由是否充分或正当,从而筛选出最有说服力的理由。有人倾向于将所有理由等同于正当理由,人们之所以选择这个理由,就说明了他们认为这是一个好的理由。这种观点忽略了这样一个事实,人们的糟糕行为也是出于理由的,只是出于糟糕的理由而不是好的理由,理由的好坏是可以通过比较来呈现的。

"好理由"的特征

我们可以通过以下标准来评估一个理由是不是一个"好的"理由:

(1) 事实性

一个好的理由是基于事实的。例如,有人听到龙卷风警报而躲避,有人从电视节目中听到喊声"天要塌下来"而躲避,这两种情况是完全不同的。只有龙卷风警报是基于事实的——龙卷风即将到来。尽管事实并非都是现成的,而且所获得的事实可能无法一下就解决所有的问题,但有事实支持的理由总比没有事实支持的理由更有说服力。

(2) 相关性

好的理由显然要与探究对象相关。例如,尽管一个人可以从楼房的40层跳到39层而不会受伤,但这并不是一个让人跳下去的好理由。跌落的速度、目标区域和人体的特性结合在一起,构成了一个好理由——不要跳下去。这几个因素与落地时发生的事情相关,而从40层跳到39层没有受伤则与此无关。尽管人们有时候也无法准确判断理由是否与所讨论的问题相关,但一个被证明具有相关性的理由比一个不相关的理由要更具说服力。

(3) 支持性

一个好的理由可以使探究的对象更加合理、更易于理解,从而更好地为探究提供支持。例如,在学校储藏柜里发现了50袋薯片。一种解释是,一个疯狂的囤积者把薯片藏在了这里,让大家以为薯片短缺。但另一种解释是,这是为学校聚会准备的。后一种解释显然要比前一种解释更加令人信服。因为它给出了更合理的理由,一个能说明问题的理由比一个不能说明问题的理由要更有说服力。

(4) 熟悉性

在对探究对象进行说明时,一个好的理由会将探究对象导向我们熟悉的事物。例如,一个小孩的气球飞上了天,可以通过一个复杂的方程式来解释气球是如何脱离绳子的,但更好的解释是,孩子没拿住绳子。有时,更熟悉的解释可能是错误的。例如,当你在看恐怖电影时起鸡皮疙瘩,这常常会被解释为因为害怕而发冷所致,但其实是起保护作用的毛发竖起机制(就像猫竖起毛发一样)。但一般来说,提及众所周知的理由比陌生难懂的理由更具说服力。

(5) 最终性

不符合上述一项或多项标准的理由不是好的理由,而且每一个理由都必须接受所有参与者的评估,不存在具有特殊权威的其他群体或其他标准。

每条标准单独来看,都可能招致批评。因为只要稍加思考,人们就可以为一个好理由设想出它不适用的情景。如果从哲学的角度来思考这些标准,就会发现设想每个标准的局限性是有益的,也是很重要的。但同样重要的是,不要忽视了这些标准的集体意义。在课堂讨论中组合使用它们,将在更大程度上促进学生的深度思考。

与探究的特征一样,使用这些标准也要求儿童对什么是好的理由有一种大致的直觉。充分理由的方法与其说是提出全新的、不熟悉的观点,不如说是鼓励儿童从众多回应中筛选出最适当的。

教学生寻找充分理由

儿童的好奇心很强,在他们天生的好奇心还没有完全消退前进入哲学,会使他们很快发展出独立探究理由的能力。教授学生获得充分理由,要**引导儿童持续地进行探究并鼓励它们对理由做出评价**。这两个目标只有在一个学生共同探究的环境中,才可以最佳地实现。讨论者在讨论中不断地给出和索取理由,这使得探究过程变得活跃起来,而且探究的公共性向参与者提出了一定的要求,他们需要认真思考以便对理由给出正确的评估。

虽然原则上需要对评估理由的标准和逻辑探究的特征进行讨论,但如果教师以抽象的方式讲给学生,他们很难完全理解。只有让儿童积极参与探究和评价的实践,他们才有可能理解这些特征和标准。有人认为,儿童可以通过谈论充分理由的方法来掌握它,这种看法是错误的。老师应该记住,对儿童来说,充分理由方法的主要目标是帮助他们发现有条理的、认真严谨的思维,而不是去理解"充分理由逻辑"这个术语的专业知识。

讲授充分理由逻辑时,要鼓励在对话中运用这一逻辑。这反过来又取决于是否有适合的材料来引发此类讨论,这正是儿童哲学小说所要提供的。通过反思书中人物的观点和行为,鼓励儿童进行推理,做出比较和对比,参与到共同探究之中。为了帮助儿童有效地做到这一点,小说展示了两种探究模式:精彩的对话实例和实际的课堂讨论。

虽然在第六章已经对如何开展良好的哲学讨论进行了很多说明,但其中的一些重要特征与教授充分理由逻辑密切相关,值得做进一步的强调。

儿童只有完全理解某一理由后,才有可能评价它。因此,他们在讨论时,需要学会倾听自己和他人的声音,尤其要抓住讨论者给出的理由,并根据语境认真思考这些理由。这对教学提出了很高的要求。要想鼓励儿童倾听,老师必须先花时间去倾听和记住同学们的发言——没有比这更有效的方法来鼓励儿童倾听了。

培养儿童互相倾听需要时间和耐心。当一个学生讲话的时候,其他学生往往会看教师对这个学生的评价,如果教师没有立即认可这个学生的话,大家也就会忽略这位同学的发言。另一个极端是,学生们很容易这么认为:什么都可以说,想到什么就说什么,而不考虑讨论的主题或其他成员。要处理这些反应,可能需要很大的耐心。这里最好和最强大的资源是老师自己的记忆,教师可以直接拉回正题,或询问大家对之前言论有何看法,从而鼓励学生回到讨论的主题。

在探究共同体中,学会倾听自己和他人的声音,对获得充分理由至关重要。要做到公正、客观、尊重他人、探求进一步的理由,这一切都要求认真关注自己和他人的思想,培养出敏锐的倾听能力。而在使用标准对理由进行评估时,也需要具备倾听他人和自己的能力。尽管教授充分理由这一方法还需要结合其他讨论技巧,但上述技巧的作用是显而易见的。

形式逻辑和充分理由的方法都可以作为组织哲学讨论的指南。一致性、逻辑性和融贯性是此类讨论的基础,也是探究的特征。充分理由的标准是评估讨论结果的基本线索。教授这类逻辑的最有效方法在于,在持续的讨论中有意识地使用那些规范和标准。比如:"这和你之前说的一致吗?""这一点是怎么从刚才的观点中推理出来的呢?""你的观点与我们所说的有什么联系?"通过这种方式,老师可以帮助儿童认识到自己完全有能力进行有条理的思考,并看到这种思维方式的广泛应用空间。

理性地行动

形式逻辑向儿童展示了他们可以有条理地、清晰地进行思考,而充分理由的方法向他们展示了条理性思维在日常生活中的运用。这两种逻辑都可以鼓励儿童主动地进行反思,但这不是两种逻辑的主要关注点。为此,儿童哲学转向了理性行事的逻辑,以及它对合理行为的指导。这种逻辑的主要目的是鼓励儿童在生活中积极地使用反思性思维。为了了解这种逻辑是如何实现的,我们需要集中讨论一下儿童哲学的教学内容。

角色示范:思维风格

《哈利》在最后几章重申了这样一个观点,只有部分人按照三段论逻辑进行思考,并且这种规则只适用于某些思维风格。《哈利》和《丽莎》中呈现了各种风格的思维方式。这种多元化的思维方式以两种纵横交错的方式表现出来。首先,每个儿童都会表现出一种主要的思维方式。其次,每个儿童偶尔会有其他类型的思维方式。每个儿童都有一种主要的思维风格,但偶尔也会展示出其他的风格。结果就产生了一个复杂的思维风格矩阵。形式逻辑对于某些方面是合适的,对于其他方面可能不适用,还有一些思维风格适合应用充分理由的方法。这是教儿童逻辑的哲学内核,值得关注。

在《哈利》中可以看到,书中的儿童至少有八十六种不同的心灵活动。这些心灵活动从突然意识到自己正在被注视,到与朋友分享一个独特的见解;从想知道一个人的祖父是否会履行承诺,到构建一个形式逻辑的规则。最常见的表现包括独立思考、反思自我、记忆、质疑、运用形式逻辑规则、表达意见、举例说明某一规则、试图理解、想知道(是否、为什么、如何做、是什么)、做出决定等。

在小说的主要人物中,某些风格的心灵活动——尤其是运用逻辑的——以某种方式构成了不同风格的思维。其中一种风格倾向于形式演绎,其他风格则倾向于包括充分理由方法的变体。主要的风格有:乐于质疑的思考方式(哈利)，以形式逻辑思考的方式(托尼)，直觉型或预感型的思考方式(丽莎)，寻求和乐意说明的思维方式(弗兰)，对他人的感受很敏感(安妮)以及创造性的思维方式(米奇)。各种心灵行为风格和思维方式构成了一个非常多样的思维风格网络。心灵行为和思维方式都属于个人的特质，这种具体性和特殊性促进了读者对书中所描绘的多种思维风格的认识。

学生有时会表现出一些重叠的思维风格，这进一步说明了思维方式的多样性。例如，丽莎经常通过第六感和顿悟得出结论，而哈利的推论通常是经过深思熟虑，但二人都会做出一些错误的、草率的判断。他们的不同之处在于丽莎不假思索表达她的观点，而哈利则会等到有了新证据后才修正自己的看法。同样，哈利与安妮都有较强的洞察力，但哈利主要是通过倾听他人的语言表达，而安妮是通过视觉观察。丽莎和哈利既有不同之处又有相似之处，哈利和安妮也是如此。丽莎和安妮之间没有任何明显的对比，这表明思维风格的矩阵还没有完全勾勒出来，这样一来反而给读者留下了一些思考空间，好让他们自行比较这些人物及其思维风格的异同。

每种思维风格都代表了一种理性的行为模式。书中的许多人物为读者树立了理性行事的榜样。这些书中的人物向儿童展示了运用反思性思维是如何改变人们的言行的，儿童不应该只是简单地去模仿他们。这些虚构人物只是部分地定义了角色榜样，书中也没有将所有差异和相似都清晰描述出来。真实的儿童通过他们的想象让这些角色鲜活起来，他们也会将自己的思维过程、心灵行为与小说人物的思维过程、心灵行为交织在一起。如此一来，虚构人物和现实的儿童之间的界限就会变得模糊。随着现实中的儿童越来越多地走进故事，他们也就逐步学会如何理性地思考和行动，从而发展自己的思维风格——与小说人物接近的思维风格，但又不完全一致。

合理行为的准则

尽管形式逻辑和充分理由方法本身的目的不是要鼓励儿童积极反思，但小说中的人物对它们的运用确实起到了这一作用。这两种逻辑在故事中都不是抽象地呈现，而是与人物自身的思维方式融合在一起。因此当小说中人物谈到形式逻辑或充分理由的方法时，指的就是要思考、承认和尊重他人的想法，并努力提升自己的思维能力。

通过观察小说所设定的各种故事情节，可以了解到形式逻辑和充分理由方法是如何指导思维和行动的。《哈利》中就有很多例子能说明问题。

在第十六章中提到了形式逻辑中的两种逻辑推理模式，以及两种错误的思维模式，这些都是儿童自己发现的。逻辑推理模式是肯定前件式，其结构为（P 和 Q 是判断的符号）：

假设：如果 P，那么 Q 为真。

同时 P 为真。

所以 Q 必然真。

另一种是否定后件式：

假设：如果 P，那么 Q 为真。

同时 Q 为假。

所以 P 必然假。

错误的模式是肯定后件：

假设：如果 P，那么 Q 为真。

同时 Q 为真。

想象 P 必然为真——实际上不能推出。

和否定前件：

假设：如果 P，那么 Q 为真。

同时 P 为假。

想象 Q 必然为假——实际上不能推出。

一名学生（简）指控另一名学生（桑迪）偷了一个装有钱包的公文包。通过简的回答以及他自己的证词，哈利确定：公文包是在房间外找到的。但下午 2 点时简看到公文包仍然在房间里，而且桑迪在 2:00 到 2:45 分之间（即简第一次注意到它不见了的时段）没有离开过房间。哈利接着用否定后件法解释道："所以，如果桑迪拿走了公文包，那么它仍然会在房间里。但是房间里没有找到它。因此，桑迪没有拿公文包。"丽莎接着说她认为是另一个学生米奇拿走了公文包。这个想法是一种预感，她说将公文包藏起来"正是米奇会做的那种事情"。托尼接下来表明丽莎犯了肯定后件的错误："如果是米奇拿了公文包，那么他会把它藏在喷泉后面。第二个判断是正确的：公文包藏在喷泉后面。但是结论是什么？什么都没有。我们已经同意，不能因为第二部分是真的，就证明第一部分也是真的。"桑迪把米奇拖到现场，米奇承认是他拿走并藏了公文包。

在这里，我们既看到了对形式逻辑规则的诠释，也看到了推理思维与直觉思维的并置。刚开始讨论规则时，孩子们只知道简指责桑迪拿了包，而桑迪否认拿过公文包,虽然他承认之前曾开过玩笑说他会拿走,但实际上他并没有这样做。因此,简的指控与丽莎对米奇的指控相似,我们有以下对照:简的预感(不正确)与哈利肯定前件的逻辑规则(与谁做的有关);丽莎的预感(正确)与托尼肯定后件的错误推断(与谁做的无关)。这一章最后以充分理由方法的暗示收尾。丽莎承认她的想法只是一种感觉、一种预感。老师回答说:"是的,丽莎,你做了一个精明的猜测。这个猜测碰巧是对的,但如果你错了,就会委屈一个无辜的人了。你尝试猜测并没有错,但猜测不能代替细致的调查。"当然,一项指控并非只是由演绎而得出,简有某种理由来怀疑桑迪,而丽莎的预感在某种程度上也有归纳推断的依据。

《哈利》中的另一个例子。托尼·梅利洛显得不高兴,哈利问其原因,托尼回答说他爸爸认为他长大后会成为工程师,当托尼说长大后想做其他事情时,他爸爸很生气。哈利问托尼为什么他爸爸认为他会成为一名工程师,托尼回答说:"因为我的数学成绩总是很好。他对我说,'所有工程师都擅长数学,而你数学也很好,所以你自己想想'。"哈利意识到,这个推理违反了形式逻辑规则:"你父亲说,'所有工程师都擅长数学'。但那是不能反向推理的。并不是所有擅长数学的人都是工程师。"后来,托尼在与父亲的交流中重复了哈利的结论。起初托尼还感到有些困惑和害怕,当他的父亲又问起那条规则时,托尼承认他无法解释它为什么有效。然后他的父亲画了两个同心圆(韦恩图)来说明"所有工程师都是擅长数学的人"这句话。因此,托尼总结道:"这就是我们不能将句子'全部'反转的原因……因为你可以将一个小范围的东西放到一个更大的范围中,但你不能把一个大的范围放进一个更小的范围中。"

这样使用形式逻辑规则看起来似乎很简单,但仔细推敲一下便会发现其背景十分广泛和复杂。从某种意义上说,托尼的思维明显进步了。他学会了揭示谬误,并在此过程中成功地克服了一些恐惧和困惑。但是,从更广泛的角度来看,这种改进可能有局限性。托尼对父亲用反推规则的解释很满意,却并没有质疑父亲对规则的解释。他的进步仅限于用令人愉快的、符合规则的情况来取代令人困惑、不大合理的情况,而他对那些思维背后的潜在限制并不敏感。例如,他的困惑和烦恼来自于父亲要求他成为一名工程师,他实际上还没有接触到这个困惑的根源;他不过是以一种与他父亲相似的思维方式解决了这个困惑,从这个意义上说,现在的他比以前更像他父亲了。在面对他应该成长为像他父亲一样的观点时,托尼感到不快,但是形式逻辑的规则没办法说明这种不快,这种困扰背后深处是两种截然不同的思维模式——模糊但强烈的情感和受规则支配的思维。

例子还有很多。《哈利》一书就发现并使用了十八条形式逻辑规则,并对这些思维——由形式逻辑原则构成的言语思维,和可以通过充分理由方法判断的言语思维——进行了比较。此外,书中也提到了一些无需演绎推理或运用充分理由方法的思维方式。[1]

结　　论

儿童哲学项目的教材希望提供一种帮助人们关注自己思想的方法,帮助他们了解思维和反思发挥作用的方式。小说通过呈现符合规则的思维(形式逻辑规则)以及对各种非形式思维进行说明来实现这一目的。不是将逻辑规则简单地陈述给儿童让他们学习,而是通过大量的例子来对逻辑规则和充分理由方法提供说明,以鼓励读者能自觉地使用这些规则。

1　上述材料的早期版本出现在《哲学教学》第一卷第 4 期(1976 年冬季)。经许可转载。

我们通过形式逻辑来说明受规则支配的思维(不过,反思性思维远不止形式逻辑)。由于形式逻辑有明确的规则,人们可以借此来进一步探讨寻求充分理由的方法,这些方法对于推进探究、独立思考以及倾听并思考他人的观点等都有着巨大影响。

除了帮助儿童发现那些受规则支配的思维类型,儿童还应该意识到其他不同的思维模式,如想象、幻想、假设等。对于这些思维活动,逻辑规则几乎没有作用。通过开始欣赏和享受这种广泛多样的思维方式,儿童可以意识到:虽然他们的思维经常具有逻辑形式,但在很多时候并不需要这种逻辑形式。思维训练从来不是一套空洞乏味的公式,而是**在不断反思与追问下,努力思考思维活动本身**。这才是教授儿童逻辑和发展其思维的关键。

第九章　道德教育可以脱离哲学探究吗？

对儿童推理能力的假设

假设（presumptions）在人们的日常生活中十分常见。例如法律规定，除非已被证明有罪，任何人都要被假设为无罪。在科学探究的过程中，也是先假设事件是由某些原因引起的，尽管可能一时找不到合理的证据，或者只能根据数据统计做出一些解释。

伦理探究也是如此。人们常常根据经验的多少来区分老年人和年轻人，年幼的儿童缺乏经验和信息，他们不知道一些事情是被禁止的。这种情况下，人们完全没有理由指责他们。例如，幼儿还不知道火柴可以做什么，也不知道玩火柴是被禁止的，这时去责怪一个幼童玩火柴，就是不合情理的。

另一方面，在儿童明明应该自己进行推理的时候，人们却经常以"孩子还小"为由，容忍或是纵容他们不去思考。这样做对他们没有任何好处。事实上，如果我们假设儿童不具备推理能力，不是一个理性的存在（特别是在伦理道德方面），这本身就是不道德的行为。

有些心理学家会认为"儿童能够行动但不会推理"。在道德教育的语境下,必须首先排除这种假设。皮亚杰可能会坚持认为[1]"幼稚的思想必然缺乏逻辑,也不具备真正的推理关系;儿童总是想到什么就做什么,而成人还要通过更为充分的思考和推理才会行动。相比之下,儿童的脑海里只是一些想象中的形体动作,这些动作就像随意的运动一样,每个行动之间相互跟随,但是没有必要的联系"。皮亚杰认为儿童只能"假性推理",它"由一系列相互跟随但彼此之间毫无逻辑的直觉判断组成"。然而,皮亚杰也承认假性推理时常发生在成年人身上:"也许有一天,儿童逻辑的任务是解释成人的逻辑",而不是"根据成人的思维重构儿童的思维"。

因此,皮亚杰做出如下假设:所有人类的推理(不仅是儿童的推理)"是由一系列态度组成,这些态度根据心理的规律彼此相互影响……而不是由一系列逻辑上相互关联的概念组成"。但是,这个假设在道德领域是不成立的,人如果被认为是非理性的,那么一切道德评价都将成为不可能。如果认为儿童不能基于道德规范来行动,不能为自己的行为提供理由,那我们也无法与他们展开理性对话;如果儿童不能进行逻辑推理,那他们就和低等动物没什么两样了。

如果假设儿童无法进行理性的、有原则的行为,这意味着儿童缺少道德的可能性,也就否定了对儿童进行道德教育的可能性。这就是皮亚杰的发展阶段理论和哲学不相容的原因:如果其中一方认为另一方能力低下(不仅仅是出于偏见),就绝不可能发生真正意义上的哲学讨论。

为道德发展创设有利的环境

今天,父母和社会都期望教育在培养基本技能以外,还能够发展儿童的

---

[1] 让·皮亚杰和迈尔斯·E·卡纳利斯主编,《儿童的判断和推理》,1928。

道德品格，这几乎是所有教育工作者的共识。但是，要做到这一点，就意味着教师要履行一部分父母的职责，成为"代理父母"。然而，教师成为"代理父母"要比父母成为"代理教师"更难。教师如何让学生成为品德高尚的人，这是现代教育中最复杂的问题之一。

关于儿童的道德本性，教育理论家们提供了诸多理论，其中的一些观点是相互对立的。一方面，儿童被视为"混世魔王"，必须被驯服和驯化；另一方面，儿童又被视为天生具有道德和善心的天使，只需提供自由发展的环境，他们就可以自我成就。浪漫主义者们认为只需提供合适的环境，儿童就会按其"善良本性"来成长。事实上，更合理的观点是：儿童天生就有无数发展倾向，他们会朝着被引导的方向发展。因此重要的是要为儿童提供这样的成长环境：尽可能抑制那些有害其成长的行为，鼓励那些对其成长有益的行为。换言之，教师必须学会分辨，发现并制止学生具有破坏倾向的行为方式，鼓励那些积极的、建设性的行为方式。教师要根据每个儿童的个体情况来进行分辨，判断对于这个儿童来说，哪些行为需要鼓励以及哪些需要阻止。有些儿童需要被鼓励活跃一些，另一些儿童需要发展更多的自制力。但最终目标是，通过促进儿童的各种能力之间相互强化（而不是相互阻碍、抵消），发展儿童在思考、行动、制作方面的创造力。

每个儿童都是独立的个体，同时也是班级的一部分。作为个体，儿童是独一无二的，他们在群体中扮演不同的角色，发展自己的独特能力。个人的独特性会通过其在班级中的表现而显现出来，每个儿童都应该在课堂上有所表现。因此，教师要让学生建立起这样的信念：自己有能力做出改变。并让这种信念贯穿于自己的日常行为中，从而不断成为更好的自己。对于课堂上的每个孩子，教师必须自问："这个孩子的缺席会使课堂有所不同吗？"如果答案是"没有"，那么这位老师的教学内容或教育方式肯定是有问题的。如果教师没有鼓励儿童积极寻求自己的独特性,没有调动起儿童自己的各种力量,对班级群体作出积极贡献,那么这位教师就是失职的。

让教师肩负这么多责任似乎有些苛刻,但是,如果儿童身边的成年人(作为儿童的榜样)不能以身作则,没有对儿童的教育负起责任,那么,所谓培养儿童的责任感也就成为一纸空言。在这方面,我们应该区分清楚,有些事物仅仅是引发行为的原因,而有些事物是需要负责的。儿童自身的本能冲动和天生秉性是引起他们一些行为的原因,他们不能对此负责,但是,儿童应该学会控制这些冲动。

另一方面,社会有责任保障学校的环境。学校到底是能成为鼓励儿童品性的地方还是抑制儿童品性的地方,这在很大程度上受社会的制约和影响。从这个意义上说,儿童的道德发展水平取决于其社会的责任程度水平。一个社会如果不重视学校道德教育的环境,那这个社会要为儿童的失范行为负责。

教师不能依赖于孩子的原生家庭环境,这种环境可能有利于也可能不利于孩子的道德行为,教师需要关注的是如何在课堂上创造有利于道德发展的环境。如前所述,**教师的责任是鼓励那些有利于儿童成长的品性,促进儿童个体与整个课堂环境(包括老师和其他儿童)之间的互动**。一个孩子如果在课堂上经常受到羞辱和蔑视,就很可能产生自卑感,实施这种残忍行为的成人都要为此负责。一旦发觉这种情况,老师就有责任为该生建立一个尊重和支持的环境,以治愈他或她过去的创伤。另一些儿童可能看起来缺乏想象力或好奇心,这同样是由于学校或家庭的环境太压抑、沉闷。老师要为这样的儿童创造一个每天都充满挑战的环境,以克服以前环境对他所造成的麻木和冷漠。还有一类儿童,可能是由于在家经常被欺凌,导致他们倾向于采取攻击性的行为。教师要为这类儿童提供一个安全的环境,使他们无需为了保护或捍卫自己而去侵犯他人。

俗话说"打扰他人的儿童本身也是一个被打扰过的儿童"。但这句话其实欠妥，因为它将儿童看作问题所在，而不是将儿童的环境诊断为病因。一旦教师开始创造支持性的环境，创造一个有助于增强儿童的自尊感和自控力的环境，他就朝着道德教育迈出了最重要的一步。除非创造一个有利于每个人都相互信任和相互尊重的课堂环境，否则任何教育内容，无论是儿童哲学还是其他教育项目，都无法帮助儿童成为有道德的人。

道德教育中的社会性与自主性

很多时候，人们想当然地认为儿童是复杂的、难以驾驭、不守规矩、没有道德。于是，人们推断道德教育的困难都是儿童带来的，而不愿承认这是自己对道德教育的错误预设造成的。要想解决儿童道德发展的难题，需要深度思考并厘清这几个问题：我们愿意给予儿童多少自主权？我们愿意保留和放弃多少控制权？我们自己想要儿童成为什么样的人？儿童在选择自己想要成为什么样的人时拥有怎样的权利？

关于儿童道德发展问题，我们经常看到这样两种观点：一种认为道德教育必须促使儿童符合社会的价值观念和传统习俗，另一种认为教育要将儿童从这些观念和习俗中解放出来，从而成为自由自主的个体。如此形式化地看待该问题本身就是欠妥的，因为这会使教育陷入一种意识形态之争，而教育本应该把人们从这种意识形态争论中拯救出来。所以，这两个关于道德成长的观点，一个夸大了个体所具有的不良的天性和倾向，另一个则掩盖了社会对于个人发展的积极作用。如果我们的目标是鼓励儿童独立判断，那么给社会和个人贴上这些价值标签就会产生适得其反的效果。无论是把个体的天性说成好的或坏的,还是给社会贴上好或坏的标签,都是错误的——否定了通过探究来确定每种具体境况的必要性,也否定了改进的可能性。在某种程度上,任何关于社会或个人本质的教条式陈述都阻碍了探究的进程,因为这会使人沦为被动的、不负责任的旁观者,而不是使他们成为生活和社会中的积极参与者和负责的塑造者。

真正的道德教育要让儿童了解社会对他们的期望,此外,还要让儿童掌握实现这些期望所需的工具,以便批判性地评估这些期望。社会与儿童的关系既相互承担义务又彼此享有权利,这与亲子关系是一样的。以片面的方式来呈现这些并不是真正的教育。有些人认为规范本身是压制性的,认为如果没有规范的限制,人们会生活在一个更美好的世界里。这种观点是十分错误的,是对当前社会的严重误读。这不是规范制度是否应该存在的问题,而是规范制度是否合理、是否值得参与的问题。当这些规范制度不合理时,它们对人造成了束缚,如果是合理的、值得参与的,那这些规范制度非但不是对个人的束缚,反而是实现个体诉求和个人目标的建设性工具。

让儿童认识到社会对他们的期望,只是道德教育的一部分,当然它是非常重要的一部分。此外,儿童还必须具备独立思考的能力,这样他们才能在必要的时候创造性地改进他们所处的社会,并促进他们自己的创造性成长。

当我们说真正的教育必须使儿童掌握所需的工具,以便能批判地评估社会对他们的期望时,我们并不是说教师的角色只是培养学生的批判性评价能力。我们的目标并不是培养批评家,而是培养学生能够客观评价世界和自我的能力,以及能清晰自信地表达自己独立见解的能力。培养学生的批判性态度只是教师职责的一部分。学生们必须认识到客观地看待周围的规则是非常重要的,但这还是不够的。如果一个人倾向于批评,那么他也必须尝试提出一些新的、更好的观点。这就是课堂对话的益处:它激发儿童们提出积极的、建设性的想法,同时认识到自己的消极观点。当学生提出创造性的见解时,教师要为之鼓掌,就像当教师看到学生进行逻辑推理时应该表扬和鼓励一样。

批判往往可以成为教师发起哲学讨论的开端。例如,在《哈利》中,当马克批评所有学校都很糟糕后,便引起了关于学校教育目标的讨论,然后同学们开始判断学校是否能够实现这些目标。讨论的高潮是他们设计了不同的办学方式,以便更好地实现这些教育目标。

儿童的探究也并不都是从批判开始的,有时候也会从一个富有想象力的想法开始,基于这一想法展开后续的讨论。不过,很多想法可能是无法付诸实践的。但教师不应纠结于其是否具有有效性,而应鼓励课堂上的其他儿童提出具体的方法,以将这种想法付诸实践。

如果教师遇到那些具有破坏性的想法该如何对待呢?例如,假设一个学生建议"除掉某少数族裔才是迈向更美好社会的第一步"。一如既往,应该由课堂上的其他儿童来回应该想法。如果这个想法真的不具备建设性,其他儿童会凭借自己的批判力发现其问题并指出来。但如果其他孩子没有做到,老师应该干预吗?当然,如果情况允许,老师有权进行干预并发表自己的意见。但重要的是,老师不要在学生还没回应之前就给出自己的观点,这会阻止学生进行真正的思考,阻止他们寻求其他答案。另一方面,当学生们已经能够坚定和自信地提出自己的想法,但有些重要的观点未能提出时,老师可以毫不犹豫地表达自己的想法。学生们会明白,此时老师暂时放弃了主持人的角色,转而成为共同的参与者。

如果教师在提出一个观点之后,得到学生这样的回应:"嗯,这只是一种观点,我们不接受!"此时教师该怎么办呢?这就是哲学的独到之处,对话并不要求必须在特定时间得出特定结论。老师可以这样回答,"好吧,我们明天再说吧",或者"我会认真考虑你的意见,我们下次再谈"。

我们所强调的是,在道德教育或任何其他领域,教师既不必迫使儿童服从社会的价值观,也不用片面地鼓励儿童发扬个性来挑战或抵抗社会的价值观。教师是社会和儿童之间的协调者,而不是仲裁人。教师的职责不是让儿童单单地适应社会,而是以这样一种方式教育儿童,使他们最终能够以一种更好的方式改进社会。教育工作者必须认识到社会和个人的可塑性以及社区自我更新的必要性。社会的规范制度与个人的自主创造并非水火不容,不要对儿童灌输社会与个人创造相对立的思想。

道德教育中的危险——理论与实践的二元对立

如今在道德教育中有各种层出不穷的主张,让教师们在选择时感到困惑。有些主张强调纯粹认知性的方法,将道德描述为有效推理;有些将道德解释为服从和接受纪律,从而使其成为品格问题,而不是理智推理问题;还有一些认为儿童天生就具有德行,只要不压抑儿童的情感和对他人的敏感性,儿童就会自然而然地进行道德行为。根据课堂经验,这些观点在某种程度上都有一定的效果,而这也是令教师困惑的地方。道德教育中确实有推理的成分,有品格塑造的成分,也有情感解放和敏感性训练的成分。因此问题就在于,所需要的教学计划不是只能实现某一方面,而是要能够实现各个方面的整体发展。

如果道德只是一个了解规则并遵守规则的问题,那么道德教育就是要培养儿童的责任心,使他们能够自愿地、无条件地执行这些规则。但道德并非如此简单,因为不存在一种适用于任何情况的规则,也不清楚儿童不加批判地接受那些规则是否有助于其成长。很多情况是缺乏明确指向的,但仍然需要个体做出选择,道德教育要让儿童有能力应对那些情况,并为自己的选择承担责任。

我们一直在强调,在道德教育中,教师要做的不仅仅是告诉儿童当前社会的主要价值和道德标准,还必须让儿童参与到这样一个探究过程中来,以确保他们能够独立地进行思考,训练他们在具体情景中发现他人的兴趣和需求,同时兼顾自己的情感需要。如果我们要求儿童在特定情况下以特定方式行事并为之负责,却没有为他们提供相应的训练,没有培养他们因时因地适当处理的能力,这种教育对他们而言是有害的。这也就说明了为什么在道德教育中仅仅强调道德思维是不够的。只有先让儿童建立系统的、有建设性的行为模式,他们才能在需要时自然地做出道德行为。除非事先形成这种模式,否则每次新的道德考验都将给儿童造成伤害,因为他们并没有在道德实践中做好准备。**道德教育不仅仅是帮助儿童知道该做什么,还要向他们展示如何做,并让他们练习做——让他们在具体情境中进行道德选择和实践。**否则,道德教育很可能就会失败。在道德教育中,理论与实践、明白道理和实际去做之间的联系是至关重要的,但它们又最容易被忽略。

儿童的成长往往要经历各种不同的情境,有些情境下需要采取行动,有些则不需要。儿童需要知道什么样的行动或决定是恰当的,这就要他们已经对每种情境的各个方面、复杂性以及各种细微差别和微妙之处有所了解。如果儿童面对某一情境,能意识到他们应该做什么或能够做什么,他们便可以恰当而有效地做出反应。因此,要引导儿童关注其所处生活情境中的各个方面,为他们能做出合理反应建立条件。一旦他们掌握了生活情境各个方面的意涵,他们就会更清楚地知道自己想做什么。

如果没有通过各种形式的道德实践来让儿童提前做好准备,他们就很难在具体情景中做出适当的反应。如果儿童不熟悉得体的表现,他们就很难在需要得体的道德场合表现得体。有些情况下,儿童之间需要彼此鼓励、安慰,表达感激,提出建议,以及达成一致。然而,如果儿童没有练习过,甚至没有想象过,那么当他们面对这样的要求时,往往只会变得沉默、消极被动。因此,**具体情境中的道德实践练习是提高儿童道德敏感性的重要方式。**

我们已经看到道德思考和道德实践之间的区别,二者对于道德教育都是至关重要的。但这还远远不够,还要意识到道德思考和道德情感之间的密切关联。如果儿童对任何人都漠不关心,那么告诉他们什么是正确的做法就毫无意义。一个不关心别人感受的儿童,是不会真正同情他人的。同样的道理,一个不习惯设身处地思考的儿童,也不会自愿地按照道德规则行事,即使这些规则是众所周知、普遍接受的。此外,道德行为所必需的感情并不局限于对某个人的特殊感情,不局限于对他人的特定同情,一个人对自己所处的整个环境的敏感性同样是必不可少的。这种敏感性需要人们具有非常微妙的意识和辨别能力,能够发现不同情境的要求以及知道如何满足这些要求,同时尽可能全面地考虑自己行为的后果。很多情况下,人们做出不道德的行为,往往是由于对自己所处情境的特征不够敏感,以及缺乏从整体的视角看待自我的能力。人们的不道德行为很多都是因为他们在行动之前没有考虑周全。儿童在课堂上表现不得体,可能只是由于他们还缺乏分寸感,在这种情况下,个人的需要与情感应该结合他人的需要和情感来考虑,而不能被绝对优先地考虑。

教师可能会问:"怎样才能培养学生的这种智慧和敏感?"这就需要提升审美感知(aesthetic perception),因为审美的提高可以增强学生的道德意识和分寸感。例如,儿童可能难以把握正在讨论的事情,或者没有意识到他无法在群体中作出全部贡献,仍然以自我为中心而非以社会为中心来看待自己与周围人的关系。因此,我们不应该无休止地强调培养敏感性、同理心、洞察力的必要性,而应该给儿童一些明确的工具来发展这些能力。参与舞蹈活动时,需要让儿童注意他人的动作以保证协调;参与音乐剧活动(演奏、合唱活动或其他团体活动)时,需要倾听他人的旋律才能尝试合奏。所以,让儿童参加这类活动有助于培养至关重要的分寸感。

有这样一种假设:儿童的智力是可教的,但感情却不是。人类的情感被认为是原始的和非理性的,只能驯服和驯化它们,但不能培养和改进它们,更无法运用其认知事物。情感被认为是野蛮的力量,必须动用自己所有的智慧和策略,才能约束和控制它们。这种观点是很有问题的。如果人们的欲望和情感是不可教的,人们就永远不会想要更美味的食物、更好的朋友、更美的艺术、更好的文学、更好的社群。人们能够学会更自觉、更合理地将欲望置于理性的管理范围内,这一事实表明人类情感和欲望并非不可教的。教育者不应总是把理智与情感相对立,而应专注于如何使欲望更明智,使理性更具感情体验。

在道德教育教学中将情感和认知分开是错误的,也是对学习本质的误解。我们认为智力并不是"唯心主义"的概念。智力不只是发生在"头脑"中的东西。相反,智力可以表现在任何形式的人类行为中,比如个人行动、艺术创作、反省思考或语言表达。

今天,当老师听到"情感"这个词时,会提出各种各样的建议。在情感教育的领域里,这些建议包括表达自己的感受、吐露心声、敞开心扉、发泄情绪。这是对人类情感的简单片面的看法。当一个人积累了太多的情绪压力,然后在一些无伤大雅的渠道中找到了释放。他这样做,固然是将情绪压力消散掉了,但也将情感中原本可以促进儿童建设性活动的力量给消散了。

关于情感教育的另一种同样有害的观点是:情感优于认知,认为情感应该是所有教育的中心,包括道德教育或价值教育。这种观点(与上面的观点比)是另一种极端,二者都是错误的。如果学校不能提高儿童的认知能力,那么当生活情境要求进行理性分析时,他们就会无能为力。这种观点只是愚蠢地沉迷于情感,却无法促使儿童掌握那些必要的认知技能。如果儿童的认知技能没有发展,却要他们对自己的行为负责,很明显是不合理的。

还有一种常见的道德教育中的假设——事实与价值的对立。这种假设常常使教师们相信,价值教育在某种程度上可以被视为一门独立的学科,能够与其他学科课程分开;还认为将"事实"与"价值"分开是有效的,好像它们是两个不同的东西,将事实看作是"客观的",价值看作是"主观的"。于是乎,我们有时是在探索和澄清我们的价值(主观个人范畴),其他时候是在探索和澄清事实(客观社会范畴)。但是,如果教师孤立地讨论价值,就会让自己陷入一个不着边际的抽象领域。更糟糕的是,就会带领儿童无休止地讨论"我们需要什么"和"我们渴望什么",而不是探讨"什么对我们来说是真正重要的"。

虽然我们敦促儿童进行真正的训练,以帮助他们能够正确地认识自己的个性以及具体情境的特征,但我们绝不会断言道德价值仅仅是主观的,或者仅仅是相对的,以至于(在某些情景下)无可无不可。我们谴责价值的相对主义——"一切价值都是相对的;对你来说是对的但是对我来说可能是错的"。这就相当于说任何事情都是可行的,没有是非对错之分。

之所以强调逻辑和探究,正是为了对抗这种主观主义,通过给儿童提供一些工具使他们可以分析自己所处的情境,从而得出合理和可靠的结论。如果儿童有机会交流彼此的感受,那么他们可以通过分析各自的情感从而更客观地理解情感。如果他们能养成仔细地、批判性地思考的习惯,他们就会更系统地寻找事实证据,同时也会开始考虑多种不同的行动方式,而不会仅凭道听途说、第一印象或"主观感受"就做出判断。

预先假设事实和价值的二元对立，对于道德教育来说非常有害。基于这种二分，我们很容易假设，一个人可以在不改变环境的情况下改变自己的价值观。但这是一种错觉。去寻找某些被称为"价值"的无实体东西，或者鼓励儿童去坚守这些东西，都是徒劳的。事实上，"价值"一词的含义对儿童来说指的是重要的或者非常重要的东西。很多时候，鼓励儿童澄清他们的价值，结果只是在谈论各自的感受和需求，而不是对他们需求的客观价值进行评估。例如，儿童可能会说他们更喜欢去运动场而不是学校。对于该问题的哲学讨论应该聚焦于运动场和学校之间的客观差异，这样孩子们就可以评估两者的重要性，以及在哪种情况下一个比另一个更可取。价值不应该被等同于欲望，而应该被认定为是那些经过深思熟虑后发现是重要的事情。只有这样，探究的过程才能从主观转向客观。

从感觉观察的角度来看，一枚圆形的铜币就是一个"事实"；从经济问题的角度来看，这枚铜币却是最小价值的硬币——它具备了一种经济"价值"。您现在正在阅读本页面是一个事实，而且您认为阅读这些是值得的，那么阅读该页面不仅是一个事实，而且还具有了价值。购买的苹果是事实，但商店将它们视为"商品"，它们便被赋予了一定的"价值"。所以，事实和价值只不过是从不同的角度来看的同一件事。

为了便于分析，我们可以分离出一组"事实"，那么同样，我们可以分离出一组"价值"，但我们关心的是两组的交叉点。"事实"和"价值"不是两个不同的东西，许多事物同时具有事实性和价值性。教师必须理解这一点，因为教师要确保儿童不会将道德理想与道德行为相分离。当鼓励儿童谈论价值观时，经常会陷入这种脱节，孩子在谈论勇敢、公平、尊重、正义等行为时，往往会孤立地去谈论它们，仿佛它们是独立于现实世界的实体，而不是在具体情境中进行评价。

另一方面，我们不应该假设孩子们没有能力谈论道德。儿童能够分析道德问题，其中包括讨论一些抽象的伦理概念，例如"公平"或"正义"等，儿童对理论问题和实践问题都能够作出反应。

帮助儿童明白该做什么

教师不应该只是价值或道德的提供者，更应该成为价值评价过程中的促进者和澄清者。儿童一旦意识到许多道德情境有其独特性，他们就会发现没有哪种道德规则可以适用于任何情景。因此道德教育要训练儿童在没有规则可循的情况下做出决定，这种能力会让他们终身受益。儿童行为具有多少合理性，很大程度上取决于他们对价值评价过程的理解水平和个人的投入程度。因此，在特定的道德情境中，儿童可能需要想出一个新的解决方案来应对现状，但任何新方案都要求儿童关注到自己的动机、社会的期望以及行动的可能后果。

教师作为价值评价过程的促进者和澄清者，也必须向儿童介绍一些价值标准，以帮助他们判断一个行为是否道德。这样的标准可以激发儿童思考：一个行动如何影响他们的习惯和性格，如何影响他们的生活方向，如何影响周围的人，以及如何影响他们所在的社会制度。教师可以应用这些措施或标准来引导儿童对行为的本质进行深入探究。

始终重要的是，并不存在某种答案可以直接套用于各种道德情境，道德标准必须不断被重估和重建，以适应时代。"哲学式"教师在价值标准和道德行为方面持有这种开放性，因此与众不同。我们必须牢记，不同的情境往往是为儿童提供了创新的机会（而这种创新很可能涉及超越职责的要求，而不仅仅是履行职责）。因此，教师应该致力于帮助儿童进行独立的道德推理,而不仅仅是向儿童传递社会价值或灌输教师自身的价值观。

这并不是说每个道德情境都是独一无二的。各种情境相互之间可能会有共同点,在相类似的情境中,有效的规则就有可能再次发挥作用。这里想要强调的是,**我们应该让儿童有能力区分一般的情境和特殊的情境、常见的情境和罕见的情境、典型的情境和非典型的情境**。儿童应该做好充分的准备,能够勇敢地、机智地和富有想象力地应对各种未知的情况,而不是强行套用一些通常的规则,这注定是会失败的。

如果儿童不能区分一般的情况(基于过去经验的规则可能适用于此)和特殊的情况(需要设计独特的解决方案),规则就无法对道德行为发挥作用。能够敏锐地辨别情境之异同,这种能力对儿童道德发展至关重要。儿童必须能够考虑到大量微妙而复杂的情境特征——形而上学的、美学的、认识论的以及伦理学方面的特征——每当人们将这些情境相互比较时,这些特征就会呈现。除非让儿童了解人的概念的全部含义,否则很难激起他们对人的尊重,而这就需要哲学。同样的道理,要期望儿童发展出对自然的热爱,就要让他们理解"自然"的哲学含义。对于诸如"社会""事物""财富""真理"以及其他术语也是同样如此,儿童对这些概念的理解往往是非常模糊的。道德教育——无论是传统意义上的规则灌输,还是通常意义的"决策"或"价值澄清"——无法提供对事物的全面理解,而这种全面理解恰恰是由(广义上的)哲学所试图提供的。

想象力与道德教育

许多人认为,道德推理仅仅是逻辑推理,即从前提或事实证据中得出结论。但事实上,道德推理不应该被定义得如此狭隘。想象力对于道德推理也是至关重要的。

当然,如果道德问题可以用一种纯粹机械的方式来解决,就像人们使用计算机得出一个算术问题的答案一样,那么想象力就没什么作用了。很多时候,错误行为并非出于人们的恶意,而仅仅是因为人们无法想象出一种建设性或创造性的方法来解决困境。例如,二十年前小儿麻痹症十分猖獗,引起了家长们的极大恐慌。当脊髓灰质炎疫苗被发明时,家长们都感到欣慰。可卫生部门宣布说只订购了少量的疫苗,又引起了家长们再次的恐慌和批评。卫生部秘书却回应说:"谁能想到公众对脊髓灰质炎疫苗的需求会如此广泛?"一个身居要职的卫生官员发表这样的言论,可以说是极其缺乏道德想象力了。

道德问题是人类总问题的一个子类。如果想改变不如人意的现状,就需要想象力。人们必须能够想象如果要这样做、那样做或者什么都不做,会发生什么。换句话说,**人们需要借助想象力,才能对个人或团体所寻求的目标进行预测。**

为了实现这些目标,需要通过想象力来评估每一个可能选择。要实现这个目标,必须采取哪些步骤?必须使用哪些材料?谁必须参与?必须先做什么,然后做什么?每一个选择之后分别会发生什么?预测所有这些可能性需要丰富的想象力。道德规划与其他成功的规划一样,都需要想象力。没有想象力,就无法筹划一桩生意;没有想象力,就无法规划自己的行动,自然也就无法获得成功。现在很明显,我们鼓励儿童去实践的行为,正是我们对儿童期待或想象出来的行为。我们有理由相信,对道德想象的锻炼可以很好地培养儿童的想象力和创造性,以帮助儿童更好地应对各种情景中可能出现的困难与迷茫。

道德想象的练习包括两大类:**一是关于手段—目的关系的训练,二是**

关于部分—整体关系的训练。让儿童把问题情境分解成各个部分,然后想象如何通过改进部分来改进情景本身,是这两种练习的结合。我们必须鼓励儿童发挥自己的想象力,从各个方面来解决道德问题。

想象力练习:手段—目的

我们可以通过合作的方式进行**手段—目的**的道德想象力练习。例如,可以让全班参与以下练习。

1. 想象一下你想去参观的地方。写下来并与你的同桌交换。然后让同桌写下他能想到的你去那个地方所有要做的事情,同时你也写下同桌去他想要去的地方必须做的所有事情。

例如,假设你的同桌说他想去3 000英里外的一个城市拜访她的祖父母,并在那里待一个星期。

你可能会这样写:首先,你要安排交通。你可能想乘飞机去,所以你必须买票,那么你就要搞清楚票价是多少,你有钱买吗? 如果没有,那么你得使用更便宜的交通工具。

接下来,你要确定在祖父母家穿什么。你需要有一个行李箱,随后你还要准备你的衣服,等等。

2. 做同样的练习,只是想象一下:

A. 有一天你想成为什么样的人?

B. 你明天想做什么?

C. 你想拥有的"最好的朋友"是什么样子?

D. 你理想的生活环境是什么样的?

3. 现在有什么东西是你不想改变的吗? 请列出来:

A. _____

B. _____

C. _____

在练习的第一部分,儿童把他们想去的地方作为一个想象练习,通过同桌彼此所写,让他们看到要实现目的需要的手段,并说明这些手段。他们在这项任务中的表现如何,直接取决于其实际的想象力和预测力。这个练习让儿童首先确定一个想象的目的,然后以合作想象的方式设想所需的手段。

想象力练习:部分—整体

道德想象力也训练儿童将整体分解为部分,以及使用部分来构建整体。当然,这要求老师首先知道如何做到,否则就无法将这个技能传授给儿童。例如,你正在考虑将一个捣乱的学生送到校长或辅导员面前。孤立地来看,这一行动是你将惩戒那个学生。但从更大的背景来看,你的行为将被全班同学如何看待,以及这个行为与你之后的其他课堂行为是否一致?因此,你的行为不仅是你和那个学生之间的事情,还涉及课堂上所有的相互关系。

下面来看一个例子:

假设你是一名校报的编辑,现有人建议你举办一场选美比赛,看看谁是学校里最漂亮的女生。你决定与同事们讨论这个问题,其中一位编辑认为这是一个好事儿,因为这会吸引更多人阅读报纸;另一位编辑则询问这将对学校整体产生什么影响。讨论就可以从这些问题开始:漂亮是什么意思?为什么比赛仅限于女生?比赛结束后,输的人会感受如何?当很多人对比赛感觉不好时,这场比赛是否还值得举行?选美比赛所鼓励的这种竞争是健康的吗?很多情况下,要对某一特定的活动进行讨论,应该将它置于更大的范围来考虑。

前面我们谈到,创造一个相互信任、相互尊重和相互合作的课堂环境对于道德教育是必不可少的，这也是有意义的道德教育的先决条件。作为老师，你能想出通过哪些活动可以让全班同学都参与进来呢？每个学生参与团队合作的方式各不相同却又相互配合，反过来，这种合作精神又有助于创造一个相互尊重的环境。如果将班级想象为一个社区，教师必须先提前想好各种分工，这些分工意味着各个儿童在该社区中扮演着独特的角色。由此，你须看到整体中的各个部分，同时也能从各个部分中构建一个整体。

将儿童置于创新型的学习环境中是激发儿童道德想象力的有效方法之一，尽管这样的情景不一定全是道德问题。科学课中的探究情境具有这种特征，那些鼓励人人参与的创造性环境更有助于激发儿童的想象力，如戏剧或舞蹈。在芭蕾舞剧中，一位舞者提出了一个新动作可能就会激发整个舞蹈团队的反应。他们的反应方式或许各不相同，但他们的动作却都具有整体性或合作精神。再比如画画时，儿童也需要反复地从部分到整体、整体到部分进行思考。写一首诗或任何其他艺术创作也是如此。如果教师重视道德想象力，他就能帮助儿童将这些活动相互联系起来，他在文学或历史课上带领学生讨论的英雄事迹也同样具有创造性，与艺术创新的想象力一样。我们并非要求所有人都成为英雄，但每个人天生就具有想象力，若想有效地重建道德问题，必然需要激活想象力。

范例在道德想象中的作用

儿童哲学的创造性之一是哲学小说，这些小说展示了一个理想的儿童共同体。由于小说里的主人公并不是完全理想化的，所以现实的儿童在阅读时能够从他们身上看到自己的影子，同时小说还为儿童之间以及儿童与成人之间的讨论提供了范例。

我们在小说中可以看到各类范例，有探究的、合作的、关爱他人的、关爱敏感个体的等,这展示了一个理想的共同体的样貌,它是由理智和情感上都健康活泼、积极参与的儿童所组成的。一个从没有在这种群体中互动过的学生,其反思、合作和讨论的能力将会严重受阻。有些儿童沉默寡言乃至冷漠孤僻,很可能是因为他们不知道如何与同学们积极相处,他们长期处于一种恐惧、焦虑和悲观之中。

一个起到示范作用的共同体,即使是虚构的,也会将一些消极元素转化为积极元素。它让儿童看到了这样一个充满可能性的世界——在这个世界中,人们可以通过互动交流激发出个体的创造力。与此同时,这也激发了儿童的道德想象力。很多孩子可能从来不知道自己想要什么或寻求什么,而小说中的范例帮助他们认识到自己的需求和愿望。他们能够看到事情为何是这样的,开始认真考虑其他可选项,并努力将那种理想情景变为现实。

然而,提供这些小说范例,并不是让儿童完全照葫芦画瓢地进行模仿。如果一个年轻人希望自己成为伦勃朗一样的艺术家,那么他不应该只是盲目复制伦勃朗的画作,而是要像伦勃朗忠实于自己的真实生活一样寻求他自己的真实生活。学习范例不是为了简单地模仿或复制,而是**将范例运用在真实的学习过程中以提升自己的希望、勇气、信念等优秀品质,从而使人们能够以独特且具有创造性的方式去生活**,就像小说里的主人公那样。因此,范例对于激发儿童的道德想象力非常重要,也会推动那些情感和能量转化为道德活动。

道德教育从哪里开始

我们还应该谈一下"道德说教"。要帮助儿童在道德上有所发展,并不需要时时刻刻都向他们强调每个行为的道德含义。儿童有充分的理由对这种说教表示反感和抗拒。从教育的角度来看,道德说教会适得其反,儿童会感到这是在轻视和低估他的道德能力,他们会想方设法挑战或考验老师对情景的解释。

道德教育要想真实有效,就要使儿童能够理性思考、发展积极的行动模式、考量自己和他人的感受、培养对人际环境的敏感性、获得对事物的分寸感,以及有能力对自己与他人的需要做出判断。每一件对老师们来说都是一项艰巨的任务,老师们可能会觉得无从下手:"这不是我能做的。我从哪里开始做呢?"

首先,教师要帮助儿童养成逻辑地和批判性地思考的习惯,以此作为道德教育的开始,鼓励他们进行哲学对话、讨论自己的观点和感受、理解他人的价值观和看法,通过为儿童提供参与共同探究的机会,使他们充分了解哲学探究的客观性、公正性和全面性。教师要鼓励学生进行道德实践,让他们在课堂上、游戏中和学校里承担越来越多的责任,与此同时伴随着对哲学的了解,学生们就会逐渐理解他们生活中的道德维度。

那么,到底应该给儿童多少自主权呢?这应当与儿童在某一阶段的处理能力相匹配。因此,**教师需要不断评估和判断学生的应对能力,为他们提供验证自己能力的机会。**"责任"这个词往往让儿童感到不舒服,因为成人总是用这个词去指责儿童没做本该做的事。这是一个非常不恰当的理解,事实上,只有当儿童被赋予越来越多的责任(对于他们的生活行为),他们才能获得一点点自由。很多父母对于自由和责任持有错误的观点,把自由与责任相对立,认为自由就是逃避做那些本应该做的事。这种不成熟的理解会严重误导儿童,使他们误认为自由就等同于不做成人所要求的事情。真正的自由是在某些情况下先全面了解事物,经过深思熟虑之后再去做自己想做的事情。但是事实上很少有儿童能够认识到这一点。因此,需要给孩子提供更多的机会来谈论自己的行为,为群体的决策过程作出自己的贡献,从而深化他们对自由的理解。

因此,从儿童的角度来看,"儿童权利"是指儿童有权说:"**我希望承担越来越多的责任,因为我能够掌握自己的行为。否则,我将很难发现哪些行为是适当的,不知道如何对自己负责,我将永远长不大,永远依赖他人为我制定的准则和规则。如果想要我能够独立地思考道德问题,那就必须让我享受自由和承担责任。**"显然,老师需要考察儿童发展这种承担责任的能力的速度和时机。

为什么道德教育不能脱离哲学教学

可能有人会问:"道德教育与儿童哲学有什么关系?儿童哲学将如何完成这种道德教育?它与老师们使用的其他方法有什么不同?"

第一,哲学提供了一种思维方式,使儿童能够独立处理道德情境中的逻辑性问题,并且能够让儿童意识到要尽力达到客观性、一致性和全面性。

第二,哲学是一种理论和实践上的持续探索,能够拓宽儿童的视野,使他们在面对特定道德情境时能够更加灵活开放。

第三,哲学对人类存在的复杂性和多维性有着深刻认识,通过系统地向儿童指出这种复杂性,能够帮助他们对自己的经历做出正确的认识和评价,形成分寸感。哲学还强调,人们所处的生活情景不是只有道德这一种维度,还有形而上学、美学、认识论等多种维度。因此,随着儿童越来越多地参与到生活情境中,儿童会慢慢意识到各类问题的诸多方面,而不只是肤浅地回应。儿童对这种复杂情境的敏感性会越来越强,会更为深切地认识到凡事要三思而后行。

第四，儿童哲学不仅强调训练学生的道德推理以发现合乎道德的行为，还通过提供一系列机会让学生去实践、练习这些行为。儿童哲学与那种强调由儿童自己决定一切的教学项目不同，它旨在**通过培养儿童做出选择和履行责任的能力，从而为他们的道德生活做好准备**。道德的实践与练习是儿童哲学的必要组成部分。这些练习让儿童有机会去实践那些道德行为，例如安慰、关怀、建议、尊重、分享等。如果我们没有让儿童实际实践"体贴"的行为，就不能期望他们真正能做到体贴。道德的实践和练习就是为了让儿童亲身去体验。人们可以教导儿童什么是关心和体贴，甚至可以展示这种行为的逻辑道理，但如果儿童不知道什么行为是真正的"关心"，再怎么讲道理也是徒劳的。此外，只有让儿童愿意去实践这些关心和体贴的行为，才能逐步培养他们关心和体贴他人的高尚情感。

基于这一见解，老师在课堂上要转化其角色。与其空谈体贴、关怀或其他道德美德，不如设置一些情境，让学生积极参与其中以获得相应体验。学生会结合他们自己的经验去理解体贴、关心等道德品质，明白这种品质的人会做出什么样的行为。因为道德不单单是一种情感，而是表现在与这种情感相结合的行为之中。

第五，我们说过，一种好的道德教育必须培养儿童能够意识到他人的感受。哲学永远不能与对话分开，因为哲学本质上包含质疑，而质疑恰好是对话的一个方面。当儿童哲学进入课堂时，课堂就成为各种观点的开放性平台。但哲学讨论与"头脑风暴"不同，不是让所有想法都不加批判地被提出，而是使参与者了解探究共同体中存在的各种观点及其差异。由于在这种讨论中发言不像上课回答问题那样有所限制，因此儿童会对观点的交流及其差异展现出很大的兴趣，也会充满信心，不会觉得很有压力。

一旦学生们建立了这样的信心，教师就需要明确哲学讨论的标准：即公正性、全面性和一致性,并将这些标准应用于组织讨论中,从而让儿童有所提升。如果讨论走向太离谱的话,学生就会变得不耐烦。同样,如果讨论没有什么持续性推进,学生也会感到疲倦。此外,教师需要注意的是,作为讨论的组织者,教师应该非常小心,即便你想支持学生表达的某一观点,也不可(将其作为定论)终止讨论的进一步探索。

鼓励学生发言时要前后一致也是教师的职责之一,教师可以采取多种形式来进行鼓励。例如,有时可以采取直接指明的方式,直接指出学生现在所说与之前所说的不是一回事。还有的情况是,学生的观点明确但表达却比较混乱,这时教师可以通过重述的方式来使学生的观点变得更有条理。简而言之,**哲学讨论能够促使儿童意识到彼此的信念和观点,并用哲学的标准来进行检验,从而让他们意识到所有人都是思考和感受的个体。**否则,儿童可能都没有意识到,那些同学其实和自己一样,正在努力理解各自所经历的一切。缺少了这种认识,儿童就容易陷入对知识的错误理解,会认为知识的形成只是个人的事情。但相比之下,哲学对话会让儿童意识到,对知识的理解往往是通过合作获得的。

第六,儿童哲学将小说作为道德教育的载体,并且将小说作为形而上学、逻辑学、美学和认识论教学的手段。小说作为哲学文本提供了一种间接的交流方式,给予了儿童一定程度的自由。小说以虚拟人物的方式呈现,而不是将学生自己、家庭经历和个人生活作为课堂的焦点,这样会让他们感到轻松很多,能够让学生自由地进行阐述,选择自己最认同的哲学观点。他们不用担心无法提出一个道德上"正确"的答案,也不会将讨论看成是被大家找茬的过程。

好的道德教育必须坚持认知能力和情感能力的共同发展,而不是厚此薄彼。事实上,理性和情感并非冲突的,二者是可以相互促进的。用小说的方式让学生接触哲学思想和概念,可以更好地呈现出情感和认知在生活中相互交织的每时每刻。学生在课堂上根据自己的理解来讨论这些想法,随着课堂讨论的逐步深化,学生的认知和情感也会进一步融合。例如,在哲学课堂上掌握逻辑,既有助于学生情感的深化,也有利于学生认知水平的提升,可以让儿童更加理解自己的经验并不断增强自信心。当儿童哲学小说中出现有争议的话题时,儿童发现倾听他人的意见也会有助于厘清自己的观点。除了学会倾听,他们还会提升自己的表达能力,从而更好地吸引其他人对自己的关注。

当儿童能够区分合理和不合理时,他们会逐渐地对合理的观点表现出喜欢,并对不合理的观点表现出厌恶。也就是说,当儿童对事物进行判断时,就已经包含了情感的色彩。随着时间的推移,儿童会逐步发展出这样的欲望,他们渴望获得更可靠的观点、更美好的事物、更有修养的行为,厌恶那些差劲的观点和行为。在这个时候,儿童已经开始具有文明的情感和理智的欲望。因此,理想的道德教育课程在向儿童介绍哲学概念时,要将这些概念置于情感活动中进行说明或体现,与此同时,在介绍情感活动时,也要赋予适当的认知内容。

过去十年中,一些比较绝对性的情感教育技巧被引入课堂中,但儿童并不情愿在公开的课堂环境中"裸露他们的灵魂",他们也不应该这样做。当儿童不想谈论自己的情绪时,他们会感到很有压力,因为他们害怕陷入一个尴尬的情况。当一个孩子沉闷少言时,老师的不断催促会适得其反。

另一方面,当学生在读一本关于其他儿童的小说时,他们会更自在地讨论小说人物的情感,由于人物的情感与认知探索方式是密不可分的,这将有助于儿童理解小说中人物的内心世界。随着熟练地掌握这些推理规则,学生们开始感到更加自信,并且能够表达自己的思想和感受。

通过在课堂上开展轻松的对话,学生自信心提升的同时,对其他同学的信任度也会越来越高,这种对他人的信任和对自己的自信能够相互促进。哲学讨论也逐步从小说中的人物转向现实生活中的儿童,开始对自己的问题进行解释和应用。虽然教师有责任鼓励儿童将所学理论概念与实际生活问题联系起来,但在哲学课程中,我们并不强迫儿童谈论个人情感或个人生活经历。

哲学小说除了提供了一种间接的交流方式外,它还为在课堂上的哲学对话做出示范,成为学生们进行课堂讨论的样板,促进学生不断探索和发现。哲学小说暗藏了某些哲学元素,通过课堂上的对话和其他活动,从而将其阐述为实质性的哲学概念。它可以让儿童以相对轻松的方式学习逻辑思维和非逻辑思维,把握两种思维之间的区别,并向他们说明什么时候逻辑思维是合适的,什么时候非逻辑思维更可取。哲学小说的另一个重要功能在于,**让儿童意识到道德情境是复杂且模糊的,保持敏感性是十分必要的,需要根据情境去判断什么是符合道德的行为**。这是哲学小说非常有效的地方。通过阅读和讨论小说,我们能够学到很多有关道德规范的知识,甚至比专门去研究道德哲学书籍还要学到更多。小说将道德情境具体化,展现出复杂多样的选择以及每个选择所导致的后果。正是以这种方式,哲学小说为培养道德敏感性提供了有效途径。当儿童能够深入到故事情节中并批判性地反思角色的行为,考虑角色所处的复杂环境及其行为的后果,那他们就进入到了一个能够真正提高道德敏感性的活动之中,从而能更好地判断行为是否恰当。此外,小说本身也可以作为一种媒介,不断促进儿童之间相互讨论,还促进了儿童与教师之间的讨论,从而将传统的课堂转变为一种全新的环境。在这种环境中,儿童开始意识到他们可以从教师和其他同学身上学到很多,而老师则同样也可以从学生的观点中有所收获。

今天有许多教育方法试图促进课堂讨论的有效性(特别是在道德教育领域),儿童哲学的教学方法也致力于此。一旦帮助儿童建立了信任和相互尊重的氛围,他们就会渴望参与讨论,围绕共同的问题进行探索。在这一点上,儿童哲学与其他道德教育方法看似没有区别。孩子们表达自己的想法或感受,有时是带着深刻的信念,有时仅仅是为了取悦老师,或者是为了迎合同辈的想法。但是有经验的观察者会发现两个重要区别:**首先,儿童哲学强调在儿童生活的大范围内探讨道德问题,使其与其他哲学领域——形而上学、美学、逻辑、认识论等——的讨论相关联**。这并不是要降低道德在儿童心目中的重要性,而是要加强他们对其他领域的注意,反过来充实和丰富他们对于道德问题的理解,使其思考更加人性化。**其次,儿童在讨论哲学文本时会经常使用逻辑技巧,这有助于提高思维效率和批判性思维**。在儿童哲学的课程上,教师有责任解释这些逻辑技巧,并为学生提供练习的机会,引导他们将所掌握的技巧应用到有意义的情境中。随着教师和学生们都开始理解和利用这些逻辑技巧,课堂讨论便会朝着客观的方向进展,而不是陷入相对主义或是停滞不前。

哲学小说其实也证明了每个儿童都有自己的思维方式和行为方式,小说中的主人公就是很好的例子,这些角色显示了这样一个理念:即儿童并非一无无知,每个儿童(无论小说中还是现实中)都是一个开始筹划并逐步形成自我生活风格和生活方向的人。这对于儿童的教育至关重要,因为一旦儿童能够意识到自己生活的基本方向是什么,也就拥有了基本的标准,使他在特定情境中权衡自己的选择。没有明确方向的儿童会按经验处理每一种情况,这是糟糕的经验盲目主义。如果能够引导儿童发现并遵循自己的基本方向,他们就会彼此成就,不断积累,逐步成长。道德教育应该帮助儿童凝聚他们的精力和能力,引导他们沿着自己的发展路线前进。良好的道德教育必须能够提供给儿童一些具体的策略,以帮助他们辨别自己与同伴之间、自己与成人之间、自己与生活习俗以及制度之间存在的无数联系。如果没有意识到这种联系,儿童就很难理解人类经验道德层面的问题,就更谈不上采取什么有效行动了。

逻辑与道德的关系

读过《丽莎》这本书的人很容易认识到,这本书不仅涉及了推理和道德,而且非常强调逻辑和道德之间的相互联系。在第一章中,丽莎说她喜欢吃烤鸡,但同时她也喜欢动物。于是她意识到了问题:如果我真的爱动物,那我还能吃烤鸡吗?这不是对他人的责任问题,而是自己在生活中是否保持一致的问题——无论是思想之间的一致性,还是思想和行动之间的一致性。

后来,书中的主人公们无意中听到校长的谈话,意识到他们的隐私权受到了侵犯。于是,一致性问题再次摆在他们面前:怎么能在不尊重他人隐私权的情况下要求自己的隐私权呢?

还有一次,米莉认为男人可以和比自己年轻的女人结婚,但女人却不能与比自己年轻的男人结婚——在丽莎看来,米莉的观点似乎是矛盾的。

还有一个例子——孩子们告诉校长,如果他真的相信教育,那么他就会鼓励学生们独立思考。但是,校长并没有这样做,所以他一定不是真的相信教育。

丽莎发现"爱动物"和"爱吃动物"之间存在矛盾,这揭示了一个重要但经常被忽视的思考——道德不只是个人的价值观,而是所有价值观之间的关系。丽莎喜欢动物,但这并不会迫使其他人也都喜欢动物。同样,丽莎喜欢吃烤鸡,但不能要求别人也都喜欢吃烤鸡。丽莎同时持有两种不相容的价值观念,她因此而感到不安。如果她真的爱动物,她就不会吃它们,但她确实吃了。所以,她不得不得出结论:她不是真的爱动物。由这个案例可以看到,**道德问题不是某一独立事件,而是相关事件之间的联系。**

有些人认为,道德只是个人在特定问题上持有的特定价值观念。他们会说:说谎不是对的就是错的,偷窃不是对的就是错的。这些关于价值的看法很常见,但往往会使人们感到忧虑,它们很难被理性地讨论。如果只是孤立地关注单个行为,就会像从望远镜的错误一端看东西:它看起来太大了,不成比例,以至于不能在它所处的背景中观察它。如果我们只是关注说谎行为本身,而不考虑它与其他行为和观点的联系,就很难向儿童解释为什么说谎是不对的,或者为什么偷窃是不对的。当把说谎看作是一种孤立的、不受环境因素影响的行为时,我们其实是在谈论一个抽象概念。由于我们对这一抽象概念非常坚定(说谎是不对的),同时又以孤立的角度来看待它,所以我们想不出用何种方法来解释,只能越来越强烈地声称它是错误的。这种道德教育对于儿童来说是毫无益处的。

人们很容易忽视不同价值之间的联系,也就忽视了道德的基本结构。正如哈利和他父亲的一次讨论:一场大规模的社会事件引发了暴乱,如果对其进行分解,把那些暴乱的行动孤立起来,就会成为互不相关的、无道德的简单行为。通过把这场大规模的道德事实分解成微小的碎片,人们的道德观念就会被消解。如果只是孤立地观察一个行为,而不去考虑这些行为背后的相互关系及深层含义,我们就无法对行为做出谴责或赞扬。如果我们不去思考每一个行动与暴乱之间的联系,就相当于为这一暴乱开脱罪责。同理,如果孤立地看待一件英雄事件的系列行为,也会混淆和模糊好的道德观念。

当儿童想了解道德时,给他们一个好的解释是很难的,因为道德既庞大又难以捉摸。我们缺少一个能让他们心服口服的权威答案,同样也没有一个不容置疑的道德原则。仅仅只是指望良心是没多大效果的,而如果只是通过讨论来澄清价值,也会暴露出我们在道德方面的无能为力。我们无法为诚实、尊重他人等提供充分的理由,只能用一些肤浅和虚假的理由暂时应付罢了。尽管如此,我们也确信一定有比当前理由更好的理由。

丽莎好奇她是如何开始讨厌谎言的,她不记得父母何时告诉她说谎是不对的。而当一个儿童可以做到言行一致时,他会拒绝做那些言行不一的行为,同时他还会对这种事情感到震惊和厌恶。此时,丽莎不再需要父母的禁令来避免说谎,就像她不需要被警告用刀时不要割伤自己一样。

我们在语法学习中看到了这一点,儿童不断学习语法规则和练习这些规则,直到这些规则练习成为他们的"第二天性"。人们说话时不会去考虑语法上是否正确,因为他们已经内化了正确的语法,并厌恶语法上的错误。但是,当有充分理由需要他去违反此类语法规则时,他也可能会轻而易举地这样做,因为这些规则并不死板。道德实践也是如此:它的发展应该始终如一,每个人都应该有完整的道德观。当这种道德整体的一致性和完整性被破坏时,应该被视为是对自身完整性的破坏。

当儿童开始重视完整性,并将诚实视为完整性的一部分时,撒谎会让他们感到自我分裂,因而他们会极力避免撒谎。而那些学会了推理的儿童,他们能够区分合理的推理和草率的推理,在遇到不诚信或者违背他们基本价值观的情况时,就不会轻易被欺骗。正因如此,学习推理对发展道德至关重要。当然,学习推理并非只是鼓励儿童使用逻辑技能去解决同伴之间或与父母之间的争吵,而是能为儿童提供一套标准去评估哪些事与他们的意愿相关,判断哪些行为符合他们对生活的基本构想,哪些不符合。

我们反复强调这一点,就是希望不要再有什么误解——不要认为道德问题本质上只是逻辑问题,道德问题不能仅凭逻辑推理得出解答。这不是我们提倡儿童学习推理的原因。我们所强调的是,**鼓励儿童在他们的生活中形成一致性的观念很重要,只有当儿童能够知道不一致、不相容、自相矛盾的想法是什么,他们才能真正理解正确的意思**。当然,一个人在不学习逻辑的情况下依然可以过完整的生活,但是逻辑可以帮助人们认识到:哪些东西能够整合他们的生活,哪些东西能够破坏他们的生活。

如果儿童在生活中能够做到完整、连贯和正直,他们自然也会对说谎之类的行为感到厌恶,因为这些行为违背了完整性。如果儿童能够将自己的行为习惯和内心信念保持一致,他们就会成为自身美德的最佳守护者。因此,如果我们重视儿童的美德,就应该尽一切可能鼓励他们发展完整的自我。

那些致力于践行诚实品格的儿童,会主动地避免说谎,因为撒谎破坏了自己生活的完整性。从这个意义上来看,对部分—整体关系的认识与对逻辑一致性的认识一样,都是道德教育中真正的律令。对丽莎来说,说谎是令人反感的,因为这与她自己的诚实品格背道而驰,这就像牛仔服配正装手套一样令她反感。

因此,**一个完整的自我人格是建立在言行一致的基础上——即思想与行为的一致性、单个行为与整体行为的一致性**。只有在日复一日、一点一滴、一课一课中不断践行,形成一种坚韧、紧密结合的结构,才能使个人具有坚定的道德基础。而那种诸如"要说真话""不伤害他人"的说教是无法起到这种效果的,说教对于形成道德品格的作用微乎其微。当出现某种紧急情况(需要打破规则)时,这时更需要有充分的理由来为行为提供说明,从而作为规则之外的一个特例。规则不能被简化为某个单一原则或某套原则,而是儿童的思想和行动相互交织的经纬线。

培养儿童良好的思想行为习惯具有很重要的意义。一旦我们充分意识到这件事的难度,我们便无法容忍那些肤浅的道德教育口号:"让儿童们好好讨论道德""让儿童看到真正的道德价值只有一个——正义""与儿童约法三章,如果在讲清楚规则后他们不遵守就惩罚他们"……

为了达到理想的教育效果,道德教育必须非常耐心、持之以恒和一丝不苟,它必须以真正关怀和仁慈的方式进行,并且从一而终。道德教育要帮助儿童自主地进行思考、感受、行动和创造。迄今为止,人类文明中只形成了一种组织形式能够勉强做到这一点,那就是家庭。然而到了今天,由于家庭承受着巨大的压力,家庭的这项功能也正在被消解。家庭结构的变化,使其道德教育的功能开始转向其他组织,特别是学校。学校需要接受这种责任的转移,首先要对这项责任有更充分的认识。在家庭中,成人只是面向少数几个孩子,这让家庭可以随时随地专注于道德教育,即使父母没有太多教育智慧,他们至少能在大多数情况下做到关爱孩子。然而,在学校中,一个成人需要面向更多的孩子。学校要承担道德教育的责任,就必须做好系统、谨慎的准备工作,建立从幼儿园到高中的道德教育体系,并且道德教育不能只是限制在某个教学时间段,而应该渗透于每时每刻。一方面,教育者要保持中立的义务,不要进行道德灌输;另一方面,要加强儿童在逻辑、创造性和道德实践方面的训练,提高他们的逻辑推理能力、创造力和道德实践能力。儿童哲学是这一使命的开端。

关于逻辑与道德教育之间的关系,还需要注意:除了个人的信念和行为之间必须保持一致外,个人的各个信念之间以及各个行为之间也必须保持一致。我们相信,儿童哲学对逻辑的强调有助于唤起儿童对一致性的重视,从而养成一致的习惯和良好的性格。同时我们还认为,儿童哲学能够让孩子们认识到充分理由的重要性,特别是其在辩护自己的信念或是说明其非常规的行为时。

然而，当人们对于这种道德教育断章取义（只强调某些部分而忽视另外部分）时，仍然会陷入危险之中。逻辑可以帮助儿童厘清自己的行为，甚至可以帮助他们认识到自己的某些行为与自己的其他想法和行为是相冲突的。但这并不意味着单凭逻辑就能够具有决策能力。我们曾与高中生进行了一系列哲学讨论，在其中一次讨论中，学生们对逻辑推理的好处形成了一种过于乐观的看法。碰巧的是，学生们正就全班野营能否带违禁物品进行辩论，有人试图使用三段论来解决问题，好像只凭三段论就能证明自己的观点是合理的。当我们指出任何逻辑论证都要经验的检验，而且单靠逻辑并不能解决他们的问题时，学生们相当恼火，甚至有种被背叛的感觉。

教师应该避免让学生产生类似的误解——首先，你要清楚地知道，儿童哲学是一个整体，如果脱离整体，只是应用儿童哲学的某些部分来进行教育，其作用是十分有限的。逻辑只是哲学的一部分，正如道德教育只是教育的一个方面。教师不仅应牢记逻辑与道德的关系，还应牢记整个哲学与整个教育过程的关系。

提高道德判断力

如何提高儿童的道德判断力是一个复杂的问题，但却是社会必须应对的。父母首先要履行这个责任，既然为人父母，这就是他们必须承担的一部分责任。但如果要求教师们也承担这样的责任（哪怕不是主要责任人），他们会对此感到担忧。

在这个方面，有很多专家提出了不少看法，有人提倡灌输道德，有人则表示反对；有人说存在道德原则，有人却说没有；有的倾向培养"道德情感""道德品格""道德直觉""道德意识"，也有人认为这些是毫无用处的。因此，教师感到无所适从,社会压力施加在他们身上,要求他们指导和发展学生的道德判断力,但提供给他们的教学法却是一个混乱的、矛盾的乃至虚假的理论。

到目前为止,还没有哪一种培养儿童道德判断力的方法是被所有人认同的,当然,也没有哪个方法是完全一无是处的,它们都能针对道德的某个方面发挥一定的作用。发展儿童的道德判断力,与习惯的养成、规则和原则、审美能力、逻辑能力、情感培养等各个领域都是相关的。

因此,教师需要决定采用哪一种具体的方法,以何种方式去实施。当教师选择引入一种新方法或新方式来进行道德教育,必然会引发很多令人困惑的问题。因此,他们就需要接受更为专业的指导。在这方面,儿童哲学的方法对教师的发展是有帮助的。

仅将儿童哲学的伦理道德解释为致力于加强儿童的认知能力或理性(以便他们的理性可以支配其情绪),这是对我们的误解。就算我们认为(当然我们并不这么认为)理性在某种程度上是文明的,而人类的情感在某种程度上是原始和野蛮的,但认为理性是驯服和支配情绪的工具,这完全是无稽之谈。理性思考者随时保持冷静的头脑,在情绪起伏的情况下做出完美的推理,这是一种早就应该被认为已经过时的心理学设想。[1]

---

[1] 在此,我们可以注意到,虽然心理学的理论总是被更加完善的理论所取代,但哲学特别是伦理哲学,却不是这样。心理学来了又走,而哲学则作为永久可能的解释框架而存在。例如,康德和边沁的伦理理论出现在亚里士多德之后的几千年,但不能说后来的理论就一定比之前的好。但对于科学理论来说,它们是相互继承和相互取代的,只要能够证明后来者比早期的理论更优越。奇怪的是,今天一些才刚开始涉足伦理学领域的心理学家,竟天真地认为伦理学是发展的。他们甚至发明了精细的"道德发展"理论,证明儿童会自然而然地成长并拥有他们所指出的类似道德观念,人们显然可以收集大量证据来支持这一论点。但作为一种价值理论,它显然没什么价值。在每个所谓的"阶段",道德的行为与不道德的行为是同时存在着的。遗憾的是,他们将这一切都混为一谈,就好像它们无法被区分一样。像自私行为和自爱行为所蕴含的道德价值的差异是非常大的,但阶段论没有为我们提供有效方法来区分这种差别。结果就是,阶段论的最终教学效果只是混淆和误导教师,而不是让教师清楚自己在道德教育中应该扮演何种角色。

曾有哲学家阐述过这个问题,他观察到,激情不能被理智征服,就会被另一种更强烈的激情征服。由此可见,**如果想要帮助儿童控制他们的非理性倾向,那就应该鼓励他们对理性的冲动、对意义的热爱、对理解的渴望、对完整性的感受以及对自我意识的奥秘开展持续探索**。当前,哲学家们开始对"理性激情"概念产生浓厚兴趣,这可以作为一种很好的解毒剂,用来对抗那种通过牺牲情感来增强理智的努力(这种努力是病态且徒劳的)。

事实上,情感的可教育性非常明显,但却总是能引起激烈的争论。可见,道德教育的首要目标应该是培养学生的情感,使之变得更加理性;而不是用所谓的"普遍道德真理"来驯服儿童,或者教给儿童一些诸如"批判性思维"这样的理性认知方法。

不可否认的是,我们的感觉、意愿和欲望确实变得更敏感、更有选择性——更具判断力。不是我们的"思想"迫使我们去喜欢更好的艺术作品、更好的朋友、更好的工作、更高尚的行为,而是我们的欲望本身就越来越有判断力。如果想让儿童喜欢高尚的行为,厌恶卑鄙的行为,最好的方法就是培养他们对优秀品格的品位和偏好,激发他们对美好事物的意愿和欲望,而不只是用道德条文来约束他们。如果能使儿童的意愿、品位、欲望和偏好趋向理性和文明,那么就能成功地使他们成为有道德的人。而那些为他们提供很少的逻辑知识,只是劝告他们彼此相爱或尊重,并诱导他们接受某种学说和意识形态的做法,只能是徒劳的。

我们应该通过各种巧妙的方式培养儿童的道德品质,提高他们的道德判断力,鼓励他们在生活中运用自己的才能,将自己的鉴赏力、辨别力、反思力、分析力等能力运用于做事、说话和行动中。此外,要促进学生的道德成长,教师还需要为他们阐明该做和不该做之间的区别。教师还要掌握道德的程序性思考和实质性思考之间的区别,这对于引导学生是十分有帮助的。

在课堂教学中,区分程序性思考和实质性思考有着特殊的作用。前面已经指出,在引导学生讨论价值问题时,教师应该保持中立,但同时又应该坚持按照程序来推进讨论。如果这些规则恰好就是讨论的内容,那么教师应该再次采取中立的态度。例如,教师想要制定规则来限制学生的讨论时间,可能会招致全班同学的反对,于是这成为课堂讨论的问题——在这种情况下,应该先暂停时间限制,直到问题得到解决。

不关心儿童的道德发展却指望他们有明智的道德行为,这显然是不现实的。人们进行道德判断时,应该首先关注做出判断的程序而不是内容本身。道德判断是认真谨慎地、一丝不苟地去判断,不能粗心大意、无视判断程序的重要性。因此,合理的道德判断应该重视探究的程序,关注程序的原则,而不是一味地坚持某个具体道德原则的正确性。例如,正义是一种有具体内容的道德准则,但要实现正义,就需要一定的手段或工具——解决争端时所用的公平、非歧视性的判断程序——否则正义很难被执行。如果我们从未让儿童明白解决道德问题的程序,就责怪儿童的某些行为是不道德的,这显然是不合理的。

对程序的关心是儿童哲学的教学目标之一,但关注程序并不只是纯粹的认知问题,它与情感也是密切相关的。此外,关注程序的能力是需要通过长期练习来养成的。以往的教育往往重视在学生探索与教师讲授之间、自由与纪律之间、秩序与创新之间、实践与创造之间保持平衡,现在必须新增一项平衡,那就是**程序与内容之间的平衡**。明确教师的中立领域和非中立领域、明确学生的自主探索区域和常规学习区域,这对于教学来说都是非常重要的。

儿童哲学的关键作用在于教会儿童掌握道德判断的技能,同时培养他

们对这些技能的热爱和重视。对于大部分普通人来说,在道德问题上始终保持理智与清醒是很难的,哪怕具有批判性倾向也很容易被自身利益所左右,而我们对自己的行为往往一厢情愿,这让我们很难预料行为所可能导致的糟糕后果。即便是对于品格良好的人(通常会遵守道德探究的程序),如果他们自己的利益受到了威胁,也会忽视那些对其他人来说极为重要的问题。这说明了道德上不理智的人,与其说是麻木不仁,不如说是软弱无能——他们不是对他人不体谅,而是不尊重道德探究的合理程序。我们可以无休止地向这些人强调相互尊重的必要性,但对他们来说,这些劝告只会成为耳旁风。

的确,对程序的关注已成为儿童品格的重要组成部分,在培养儿童的道德判断力方面,这种关注要比那些道德劝说更有帮助。我们必须牢记,人类交往中存在一些变化多端的细节和要点,这些无法通过说教来传达。只有文学作品才能显示出人际关系(多层次、复杂)的微妙之处和灵活性。因此,道德判断力的提高需要构建一个特殊的文学作品体系,以体现和展示道德的模式、本质、探究的技术以及道德的其他解释。**儿童哲学要成为有效的道德教育课程,就需要与文学文本结合,并通过哲学的程序,来发展学生的逻辑能力、审美敏感性、认知能力和形而上学的理解力。**如果儿童能够掌握这些程序,他们的道德判断力也必然会得到提高。

第十章 儿童伦理探究中的哲学主题

相比童年早期阶段,初中生的思维方式更加系统化。一方面,初中生能够更好地掌握逻辑推理;另一方面,他们也更加关注生活中的人际关系和社会身份,因而更适合进行伦理探究。

在开展特定的伦理探究课程之前,我们需要先明确伦理探究所涉及的内容。伦理学,作为试图理解道德行为的一个哲学分支,主要是对道德问题和道德情景进行客观、冷静的分析。伦理学的目的绝非灌输某种道德观念,而是要帮助个人清楚地了解他在特定情况下的道德可能性。

伦理探究并不等同于"价值澄清""决策"或"道德阶段理论",尽管这些项目确实会引起人们对伦理探究的关注,但如果将伦理探究仅仅理解为其中某一项,那将是一个严重的错误。道德教育要帮助学生了解他们想要什么、需要什么和期待什么,但这并非道德教育的全部。教师还应该给学生提供练习的机会,从而帮助他们处理可能遇到的道德困难,但道德教育仍然远不止于此。如果将道德教育视为一种结果而非过程,就好比把耕作等同于收获一样,是非常狭隘的。实际上农民需要进行耕地、施肥、浇水等无数其他活动,如果没有这些活动,收获便无从谈起。

此外,道德教育还应该让学生明白:**标准的性质及其作用、发现隐藏的假设、推理的过程、给出充分的理由、检测不同情况下道德的特征、把握部分**

与整体的关系、知晓个人所处社群的集体利益、考虑到所有相关因素、权衡后果、恰当地评估自我在道德情境中的作用、评估自己和他人的意图、预期自己的行为可能造成的伤害、如何预防道德危机的发生等。唯有全部包含这些内容,方可称之为真正的"道德教育"。显然,要想养成全部这些品质,单靠任何一门短期课程都是无法做到的。道德教育是一个长期的过程,需要年复一年的努力,并且每年都要巩固前一年的所学。此外,还需要教师有能力进行对话并引导开放性的探究。

哲学的内容包罗万象,但其核心主要有三点:第一,必须学会尽可能清晰、合乎逻辑地思考;第二,必须把握思考方式与问题之间的相关性;第三,必须用更加灵活的、富有创造性的方式去思考,从而为问题提出多种解决方案。将这三点应用于儿童的道德教育,就要求儿童必须学习如何尽可能清晰、合乎逻辑和有效地思考(以及自我反思)。此外,他们还需要学会如何识别和思考道德问题,这样的反思才是真正的伦理探究。伦理探究的目的不是教学生某些特定的价值观,而是对人们赖以生存的价值观、标准和实践进行开放式、持续性的反思,通过公开的探讨来尽可能全面地考察各种观点和事实。伦理探究认为:比起那些仅让学生熟悉"规则"并强调"尽自己职责"的传统德育课堂,在自信、互信和公正的课堂气氛中进行讨论和反思,更能培养儿童的道德责任感和道德智慧。

在第九章中,我们指出道德教育不能脱离哲学探究。以《丽莎》这部小说为例,小说中的学生们在一个探究共同体中展开探索,努力发展其推理技能,从而阐述和捍卫自己的道德价值观。然而当取得了一定进步的时候,他们却沮丧地发现,自己做出的逻辑推论需要取决于前提的真实性。这使得学生深刻意识到前后一致的重要性,需要他们关注真实性的问题。因此,本书处理了两个重要的哲学主题(及其相互之间充满张力的关系):**前后的一**

致性和**前提的真实性**。

编写《丽莎》一书时,作者默认学生们已经掌握5—6年级课程中的逻辑知识,因而在《丽莎》一书中,我们将这种逻辑知识应用于书中具体的道德情境中,使学生们真正参与进来。

在帮助儿童进行伦理探究时,很重要的一点是,**要尽可能多地让儿童使用他们自己的语言,并为他们提供熟悉的环境进行应用**。因为伦理探究的所有术语(例如,权利、公平、公正)都是"带有价值的",通过观察人们使用这些词汇的方式,可以看出他们在这些术语上所赋予的价值观。当成年人使用道德术语时,这些术语带有成人的价值观。同样,如果想要完整地刻画出儿童的伦理探究,那么就要让儿童所使用的词汇充满儿童的价值观。如果我们想知道,儿童是如何理解公平、正义或善良的?就需要注意他们使用这些词汇的方式,以及了解他们使用这些词汇时的语境。尽管儿童很少能够定义他们的词汇,但他们还是通过使用一定的词汇传递出他们所想表达的含义,如果我们细心地倾听儿童的发言,便能够在理解其思想观点的同时也把握到他们的价值视角。例如,《丽莎》中谈到"权利"一词的使用,与其要求儿童按照成人或哲学的用法来理解该词,不如让他们基于自己对"权利"的理解来对小说中的描述进行分析。

《丽莎》中贯穿了一系列重要的哲学主题,但这些主题并不都是关于伦理的,因为要试图探究伦理问题,必然也会涉及一些其他的哲学问题。在《丽莎》这本小说中,有十二个主题至关重要:逻辑与伦理的关系、一致性、正确与公平、正确与完美、自由意志和决定论、自然本性、变化与成长、真理、关怀、标准和规则、问题与答案、伦理探究中的思考和自我反思。下面我们将逐一展开介绍。

逻辑与伦理的关系

道德教育是一项非常冒险的事情，如果有人采取极端的立场，其所带来的危险在这里会被成倍放大。不同的人对道德的看法是不同的。有些人认为道德行为是良心、责任或爱的问题，而不是理性思考或反思的结果；有些人则夸大逻辑的作用，试图将所有道德判断都归结为一种推理的过程。如果采取前一种立场，会发现自己没有什么可教的——只能进行灌输、示范或说教。在这三种方式中，只有示范——提供榜样——是必要的，因为教育需要让学生熟悉必要的程序和步骤，使他们能够有效地理解和探索所讨论的主题，最终使他们能够独立思考该主题所蕴含的问题。而对于那些坚持灌输方式的人，他们对开放、公开的讨论不感兴趣，也不会试图帮助学生发现自己的答案，他们认为自己已经知道了答案，只希望学生们相信他们所提供的答案。

对于那些试图通过逻辑论证来解决伦理问题的人来说，他们的观点固然有一些道理，因为道德问题确实在一些方面需要借助于逻辑分析。但是，这些可以进行逻辑分析的内容只是一部分，并不能代表道德问题的全部。因此，逻辑论证只能解决道德问题的某些方面，无法解决全部的问题。我们不否认逻辑对伦理探究具有价值。但仔细阅读《丽莎》之后会发现，孩子们之所以在整本书中表现出那种沮丧感，正是因为他们意识到仅靠逻辑进行伦理探究是远远不够的。

那么，老师可能会问，既然逻辑不能完全解决问题，为什么书中还要有这么多逻辑的内容？难道让我和学生学习逻辑，只是让我们知道到它是无用的吗？事实则是，**无论是想进行伦理探究，还是进行其他方面的探究，都**

必须做到细心、仔细、严谨和守规则。如果有人想要论述自己的观点,他就必须以一种有效和连贯的方式来组织他们的论点,必须清楚自己的假设并清楚如何从这些假设中逻辑地得出结论。除了逻辑,没有任何学科能够教会人们如此有效地解决问题。虽然逻辑无法提供一个现成的道德方案,但这并不意味着可以忽略它的价值。如果人们希望发展人的理性能力并建立一个理性社会,逻辑就是最强大的工具之一。缺少了逻辑,这样的目标也就成为空中楼阁。

一 致 性

一致性被视为所有推理的基本标准,也被认为是口头交流和书面交流的基本特征。即使是那些试图贬低一致性的人,也会发现自己在写作中需要做到前后一致。

在追寻一致性的同时,学生们很快就认识到实现一致并不容易。例如,《丽莎》小说中,马克要说他妹妹在什么地方时,他先是撒了谎,又讲了真话。学生们认为,有时候需要诚实的回答,但在某些时候,诚实的回答可能是不合适的,比如当马克说真话会伤害他妹妹的时候。那么问题出现了,马克是否前后矛盾?我们认为并不矛盾,这就像一名医生决定一个病人需要手术而另一个病人不需要手术一样,这并不是前后不一致的问题。问题是:医生依据什么做出这些不同的决定?对这两个病例,医生都严格遵守正确的医疗程序,他的两个相反的建议也没有违反合理的医疗实践,因此医生不会对此大惊小怪。同样,在马克的这个情节中,当孩子们开始对事情进行全面考虑时,他们对这种前后不一致并不会感到不安。学生们对自己得出结论的步骤充满信心,他们遵循了伦理探究的程序。

伦理探究的程序并不是某些人所认为的绝对道德原则。例如，一个人在相似的情况下要做所有人都应该做的事情，或者一个人应该将最大多数人的最大幸福作为自己的行为指南。这些"原则"是对过去成功经验的概括，因此在一定程度上有助于指导未来的行为，但它们并非绝对可靠。《哈利》和《丽莎》中的学生们一直在努力理解道德，他们似乎没有明确把握责任、爱或正义等概念的内涵，但仍然可以表现得尽职尽责、充满爱心和公平公正。引导他们进行探究的不是完成一套理想的价值观，而是对伦理探究程序的认同和遵循。

在课堂上，教师的任务就是帮助学生清楚地意识到这种程序的内容和意义，以及伦理探究过程本身的内容和意义。此外，在某种程度上，如果教师能够鼓励儿童在日常生活中主动进行这种探究，那么就能真正地实现伦理探究的目的。

学生们会很容易认识到特殊情况需要特殊的解决方案。他们要求教师对所有学生一视同仁，但如果班里有一个残疾的同学而教师对他有特殊对待，其他学生会对此理解和接受。如果学生的残疾没有被大家察觉，那么老师的行为就显得不公平。因此，我们要培养学生对于情境的洞察能力，使他们能够意识到情境的差异。**道德教育的目标之一就是，帮助孩子准确地感知情境并做出合理的道德判断。**例如，如果一位老师问班上的学生"粗暴是错误的吗？"，学生们可能都会点头同意。然而，如果大家看到一名学生受到惩罚并说自己受到了粗暴对待，那么他是否确实受到了粗暴对待就需要进行确定了。逻辑可以帮我们看到：

所有的粗暴行为都是错误的。
这是一个粗暴的行为。

因此，这个行为是错误的。

我们都接受第一个前提，就像我们可以接受"所有的爱都是好的""所有的正义都是好的"，诸如此类。但伦理探究的关键在于如何确定第二个前提——这个行为真的是粗暴的吗？如果是，那这个行为就是错误的。但事实上，要判断这个行为是否是粗暴的，需要我们具有感知和洞察复杂情境的能力。你需要通过三段论推理才能从特定的判断得出结论，尽管三段论只是一个工具。没有洞察情境的能力，你将会一无所获。因此对第二个前提（小前提）的认知就显得尤为关键，这种认知需要我们花足够的时间来培养。在这方面，哲学小说能够起到至少三方面作用：促进学生与他人进行对话，帮助教师引导学生掌握伦理探究程序，以及促进学生关注学校中的日常实践。

正确与公平

人们对"正确""公平"等概念的理解也深藏在儿童的日常语言中。在使用"公平"一词时，儿童与成人似乎并没有太大区别。当丽莎和她的朋友们谈论"公平"时，她们的意思是人们应该受到同样的对待，如果有人处于某种特殊情况，他们的待遇也应该有所不同。那么，随之而来的问题是："如果每个人都这样做会怎么样呢？"这样的问题预先假定人们及其环境都是相似的。因为人们大都持有这个假设，因此自然地会围绕"公平"提出一些问题："如果每个人都这样做呢？""如果每个人都被这样对待怎么办？"

但是，正如丽莎所指出的那样，不能预设所有的情况都是相似的。在某些个人的生活方面，我们可以随心所欲地表达自己的个性。在这些事情上，我们的所作所为既不会伤害他人,也不会对他人施加义务。同样的,他人的这方面行为也不会给我们带来伤害或对我们施加义务。在生活方面,人们是想墨守成规还是标新立异,这是由自己决定的。但我们做出这样的判断,又是基于什么样的标准呢?如果不是公平,那会是什么?丽莎和朋友们使用的术语是"正确"。"正确"这个概念具有非常广泛的使用场景,既涉及道德方面的问题,也涉及非道德方面的问题。例如,丽莎认为,一件衣服对她来说是"正确"的。在这里"正确"意为与一个人的生活方式相适应,即与个人的存在和谐地相匹配。丽莎提出了一个问题:"什么对我是正确的?"而不仅仅是"什么是正确的?"就像小说主人公们所提出的问题:"思考和为自己思考有什么区别?"孩子们并没有将"思考"和"为自己思考"相混淆。同样,他们也不会理所当然地认为"正确"与"公平"是相同的。[1]

正确与完美

在理解了"正确"这个概念后,丽莎和朋友才开始使用"完美"这个词。当一个人的行为和谐地融入他的生活时,这个行为就是正确的。也就是说,在生活领域中,我们可以自由地做出决定,而不用担心这些行为对他人是否公平。如果情境中的一切都是正确的,那么我们可以称之为"完美"。像"完整性""整体性""圆满性""完成度"这类词语,表达人们想要将各种经验统一为和谐整体的愿望。尽管儿童的词汇量远不及成人丰富(他们不经常使用这类词汇),但这并不意味着儿童没有察觉到自己经验中的不和谐或不

---

[1] 如果你对这一话题背后的哲学思想感兴趣,建议参考穆勒的《论自由》,这本书让我们能够清晰区分,哪些是社会所承担的义务,哪些是个人生活中关于"对自己正确的事"的自由判断。另一个相关参考资料是刘易斯的《The Ground and Nature of the Right》。此外,对于伦理探究理论的更一般的方法,可以参考杜威的《Theory of the Moral Life》。

完美。

在参加野餐或生日聚会时，学生们可以敏锐地意识到这些活动存在的问题，可能会说"这不完美"或通过其他方式指出活动不够完整。很多孩子也会因生活中的支离破碎而感到困扰。因此，**儿童哲学的目标之一就是帮助儿童看到他们生活中各部分之间的联系，并找到将这些部分和谐地融合起来的方法**。丽莎的父亲指出了这一点，他说："有时当我们找不到合适的联系时，我们就得建立起一种联系。"

自由意志和决定论

在小学阶段，自由意志与决定论的话题并不常见。然而，随着青春期的到来，儿童们越来越关注自己个性的发展，同时也会日益注重这个话题。他们想知道自己究竟有多大自由以及在多大程度上是被决定的，他们想要弄清楚什么是自己能力范围之内的，什么超出了自己能力范围。这两者的区别会对一个人的道德观产生深远的影响：我无法改变我能力范围之外的事情，因此我也不用承担任何责任；反之，在我能力范围之内的事情，我需要对之负责——我可以调整它、替换它、改变它，也必须接受我的行为带来的赞誉或指责。我们经常对孩子们说："不要为打翻的牛奶哭泣"，意思是他们无法改变已经发生了的事实。事情既然已经发生了，就只能接受它，并从这里重新开始。渐渐地，学生会开始意识到他生活于一个不以他的意志而改变的世界，这个世界独立于他，其中发生的很多事情是人力所无法改变的。另一方面，学生也开始意识到，有些事情是他们所能改变的。由此，他们开始具有了"权利"的意识，开始关心哪些行为是他们的权利。他们意识到自己的某些行为是自愿的，自己生活中的某些方面是不受外部强制的。此时青少年认为"自由"就是"不受外部控制",但这仍然是一个非常粗略的理解,要经过更久他们才能逐渐发展出一种更加精细的自由概念——自由不仅仅局限在不被干涉的范围,而且是扩展的,人们可以利用自己的能力、以一种创造性的和解放性的方式来扩展更多人的自由。

因此在进行伦理探究时,教师要帮助学生实现对"自由"理解的转变——从那种非常粗糙的自由概念转变为一种更全面而深刻的概念,不仅包括他们自己的自主权,还包括与他人的和谐相处。要实现这一目标,只是通过告诉学生怎么做是无法实现的,还需要让学生参与实际的过程——将他们从一种自由概念转移到另一种自由概念。

进行哲学探究恰恰是这样的过程,教师可以通过观察课堂中的对话来推进学生理解上的转变。刚开始的时候,学生通常是以个人的身份参与进来,每个人都想说出自己的想法,很少会去倾听。此时他们正在运用他们的自由,行使自由表达的权利。学生们一开始只关注自己所说的内容,然而,随着课程合作的深化,他们的注意力就从自己的想法上转移到所有成员的想法上来。

这是一个可观察到甚至可以测量的变化。但更大的变化却是看不见的——学生们变得更加宽容、思维更加清晰、注意力和感知力得到提升、能够更好地梳理自己的价值观和想法、对个人经历以及周围世界更加敏锐、更加重视他人、深化了对社会制度及其运作方式的理解——这些变化是难以被察觉和衡量的。可以参考的依据通常是对话的质量,他们的对话会越来越成熟,更加具有质量。

自 然 本 性

贯穿《丽莎》的另一个问题是"什么是自然的?"一方面,青少年对于社会习俗、社交礼节、行为规范等更加敏感,让他们感受到了很多压力;另一方面,他们自己的生理性力量和需求开始萌动,有时会与传统发生很大冲突。自我的成长中总是包含着一些浪漫的妄想——要成为真正的自我,就必须顺应本性,服从于传统习俗就是屈服于虚伪和不真实。因此,"自我"成为青春期躁动的试金石。青少年们往往不清楚他们想成为什么样的角色,因此他们通过不同的方式尝试各种角色,并尝试各种不同的行为。青少年们总是梦想着不同的职业、不同的生活,以至于难以确定真正的自我。因此,青少年的主要问题之一就是:"真正的我是谁?""我成为真正的自我了吗?""哪些事情是出于我的自然本性?"这些成为他们的重要问题。

一方面,我们强调自然本性,因为它是健康和合理的;另一方面,青少年又对"自我"充满困惑。自我本能的冲动和欲望是让人们害怕的东西,我们需要控制甚至是抑制它们。从这个意义上说,人的自然本性又可能是某种可怕的东西。但无论哪种方式,"自然本性"都是青少年关注的焦点。正是出于这个原因,这个问题始终贯穿了《丽莎》这本小说,儿童哲学的目的之一就是鼓励学生以思辨的方式思考"自我本性",使学生能够以客观、理性、合作的方式讨论和探索该问题。

变化与成长

在讨论哲学小说时,教师应该提醒学生注意小说中角色的成长迹象。他们当然是有变化的,但改变并不都是成长。天气每天都在变化,但不能说天气有进步或改善;季节会变化,但它们不会成长。**成长是一种累积式的发展,是渐进式的扩大**。滚下山坡的雪球也变大了,但雪球只是在数量上增加,而不是在质量上发展,是机械地增大,而不是有机地生长。一个人的成长涉及心理上的成熟、生理上的成熟、理解力的深化以及对世界更丰富的体验。

然而，学生们可能会指出，一味的增加未必都是好事，例如污染增加，犯罪增加，以及很多其他糟糕事的增加。对此，老师可以回答，随着学生自己的成长，他们的判断能力也会提高，会更加容易地将进步与单纯的增加区分开来。教师可以向学生提供一系列问题，以帮助他们了解事物变大和变好之间的区别。高薪工作就一定是更好的工作吗？更大的房子一定是更好的房子吗？一个大国就一定是一个更好的国家吗？吞下一滴毒药还是一加仑毒药更好？随着儿童对伦理探究的内容有了更清晰的认识，他们就能更好地处理此类问题。并且他们将能够意识到，虽然"成长"是一个关键概念，具有非常重要的价值，但它本身与其他概念一样，都需要经历批判性的考察。

真　理

哲学是一种追求或探索，哲学家们是寻求智慧或热爱智慧的人——但他们并不教条，尤其是在涉及真理的本质问题时。真理问题是哲学家们头等困惑的问题，即使提出了一个真理理论，他们也不确定可以用什么方法证明这一理论——使用他们自己的理论和标准来进行判断自身，无疑会陷入恶性循环。"真理"这个概念非常令人困惑，因此哲学家们有时会用其他短语来代替，例如"有根据的断言""可靠的陈述""可验证的陈述"等。尽管定义"真理"是一个遥不可及的理想，但它仍然是一个非常有用的概念，就像航海员无法到达北斗星，但仍然可以用它来导航一样。

在哲学小说中，真理问题也困扰着书中的学生们。在《哈利》的第一章，他们发现自己陷入了这个问题，因为哈利宣称，"如果你把一个正确的句子反过来，它就会变成错误的句子"。当然，哈利的说法有些欠妥，因为在某些情况下把一句话反过来说也会是正确的。但是，只有存在真和假之分，我们才能去纠正哈利的观点。

这个问题在《丽莎》的后半部分也出现了，而且变得更加尖锐和紧迫。孩子们意识到他们的探究岌岌可危。他们发现的推理程序既能用于真实的判断，也适用于虚假的判断（事实上，从一个错误的句子中可以推断出来任何结论）。逻辑本身是空洞的，它还需要辨别真假的标准来作为辅助。因此，在《丽莎》的最后五章中，学生们将注意力转向了真理的问题。

尽管最后五章也没有解决真理的问题。但孩子们确实提出了许多解决真理问题的方法，这些方法逐渐被提炼成几个更明确的真理理论（尽管这些理论的合理性还有待商榷）。通过提供这些理论，学生们可以进行集体的讨论和反思，以更深入地理解这个问题。

关　怀

在《哈利》和《丽莎》中，"关怀"是贯穿其中但又相对隐性的主题，孩子们对它的谈论比较少，而是更多地将其体现在行动中。在两部小说中，"关怀"的主题都可以从多个层面进行分析。在第一个层面上，它体现在对话的连续性中。学生们在对话中相互讨论，同时保持对彼此观点的尊重，这正是关怀的典型表现，缺乏关怀的人是不会这样进行讨论的。当学生们发现彼此的观点并相互分享经验时，他们开始关心彼此的价值观并欣赏彼此的独特性。由此，他们通过对话构建了一个探究的共同体，他们不仅致力于探究，而且也相互关心。

在第二个层面上，孩子们的"关怀"表现在他们严肃认真地参与到哲学探究中。**他们关心结果：这些探究对他们来说不仅仅是一场游戏，而是有意义和重要的事情，因此需要严肃、认真地进行探索**。现实中并非所有的学生都能以严肃认真的态度来参与哲学课程，有些人是愤世嫉俗的、肤浅的或滑稽的，可能会将哲学课程作为某种炫耀，或者看作是一种玩乐。但在一堂富有成效的儿童哲学课上，这些不成熟的行为明显会少很多，因为学生们越是发觉这些讨论的意义，对待探究就越是认真与严肃。

至此，才可以说开始了真正意义上的哲学探究。不过，哲学学习也是一个双向过程。**如果老师足够关心学生，使哲学与学生的真实生活相联系，学生自然也会关心哲学**。因此，从一开始时教师就应该尝试了解学生的兴趣，引导学生讨论他们感到有意义的问题。

在第三个层面上，学生们的关怀还体现为他们关注哲学探究程序本身及其严谨性。他们不满足于马马虎虎地进行思想，对草率、松散的推理产生反感。学生们会像优秀的"工匠"一样欣赏探究的方法，并乐于使用这些思维工具，就像木匠喜欢使用他的锯子和锤子。在律师身上我们同样可以看到这种对方法的执着，他们关心的不是这个或那个判决，而是程序是否正当。律师将法律视作一种制度、或是一套处理问题的公共程序。在《丽莎》中，孩子们也在努力尝试做同样的事情，他们试图设计一种开放、公开和理性的程序方法来进行伦理探究。正是因为他们对道德探索程序的关注，以及将这种关注付诸实践，从而成为真正有道德责任感的人。

标准和规则

无论是在棒球比赛中，还是在课堂上的造句游戏中，抑或是在家里的哲学讨论中，《丽莎》中孩子们谈论的话题都涉及"规则"。在很多人来看来，规则不是问题,他们认为规则是永久的、普遍的、不可破坏的。但小说中的孩子们并不这么认为——"人们如何能够保证当下的规则就是最佳的?"他们提出这一问题并非故意挑战权威,而是想要得到关于规则的解释,他们想要在理解的基础上遵循规则,不想去盲目遵从那些他们不理解的规则。

在《丽莎》中,孩子们对规则本质的理解只取得了一点进展,他们在这方面的收获远不如他们在其他探索上取得的进步大。有时,他们认为"规则"是为了共同利益而约定俗成的,或是认为有些"规则"只是对于经验的概括(例如,被烧伤过的人的经验告诉他"火会伤人",所以要避开)。还有一些时候,他们认为"规则"是传统中的行为准则,但这种理解在很多情况下是不成功的(例如,礼仪规则)。

在第 10 章中,拉霍尔斯基一家对规则与标准进行了比较讨论,其中一位家庭成员说:"规则告诉你如何行动……标准是你进行判断时的衡量依据。"换句话说,我们按照规则去行动,而不是按照标准去行动。标准是一种尺度,通过它人们可以对事物进行区分,或对好坏进行区分。当学生们学会区分规则和标准时,他们会发现规则本身也必须被评判,而评判的根据正是某些标准,而这些标准也需要由其他准绳来评估,没有所谓的终极标准或绝对准则。《丽莎》中的孩子们一直在努力寻求对判断过程的理解,因为他们认为,只有理解了这个过程,才能更容易接受判断得出的结论。

《丽莎》中没有提到"原则"(principles)一词,这并不是说学生们不关心道德原则,而是因为他们没有从众多语词中识别出"原则"。他们对诸如什么是公平、什么是正确、什么是真的这样的问题很感兴趣,但都是以一种非常具体的方式展开讨论。他们在具体情境中对这些问题进行讨论和探究,而不是脱离日常经验去谈论某种终极标准。因此,他们不关心正义、善良或美之类的抽象原则,而是更在意那些在行动和言说中所获得的直接体验。

不过,这并不是说原则没有进入他们的思维,这些原则作为行为的指导性理念已渗透于他们的思考中。

问题与答案

提问是课堂上常见的一种行为,有时只有教师提问,有时只有学生提问,有时两者相互提问。如果更仔细地考察"提问",我们会发现其中包含着许多不同的变体,下面我们来区分其中的几个。

有些问题纯粹是修饰性的(如"拿破仑为什么要当皇帝?我来告诉你吧!"),如此提问的人并不是要让你回答,而是他已经准备好了答案,正要告诉你。这是一种在询问中激起听众好奇的技巧。

另一种提问形式是提出"引导性问题"(leading questions)。这类提问通常以否定的形式出现,例如"我们现在都坐下来开始练习,难道不好吗?"或者"是时候休息了,不是吗?"引导性问题为听众提供了一个平台,引导他们说出一些信息来参与讨论。例如,老师可以通过这样的提问来发起讨论:"现在读了整本书,你们认为丽莎和她母亲的意见不一致,是吗?"这是一个引导性问题,可以引发对一致性问题的讨论。但我们必须清楚,引导性问题可以作为一种有效的工具来发起讨论,但在开展深入探究时,引导性问题却可能起到阻碍的作用。

引导性问题与探索性问题(exploratory questions)是截然不同的。提出反问句和引导性问题时,提问者已经知道答案(至少是自认为知道答案)。**而提出探索性问题时,提问者往往自己也没有答案,提出这种问题的目的是引发讨论**,看看这种讨论会引向何方。提问者可能知道他的问题有某些传统的或广为接受的答案,但他对这些答案仍然有疑问,想要进一步了解这些答案的基本假设。因此，他出于探索性的目的来进行提问。

探索性问题可能会让学生发现传统答案确实是正确的，也可能会让他们意识到这个问题本身需要被重新表述——某些经常使用的术语需要被重新定义。还有可能是，探索性问题会进一步揭示出影响深远的问题，这些问题长期以来被认为是理所当然的而被忽略，通过探索性问题可以重新发现它们。

在《哈利》的第14章中，有一个通过探索使术语被重新定义的例子。弗兰非常清楚"野蛮人"这个词的日常使用，他对比了世界不同地区的人们在生产和分配时如何进行节约，并以此证明"野蛮人"一词的传统解释是不恰当的。在第9章中，当帕特里奇先生称斯宾塞先生为"种族的荣耀"时，弗兰提醒这句话中隐含着贬损的意味。在这些情况下，弗兰呼吁我们重新审视习以为常的词语定义方式。

在哈利与父亲的讨论中，进一步探讨了提问的本质。他们得出的结论是，提出一个问题就像发现冰山一角，人们会意识到在自己的发现之下还有很多东西。在《丽莎》第9章中提到特里先生因何去世的问题，该问题引发了对疾病与失业之间关系的讨论，又进一步引发了对社会失业问题的讨论。因此，最初的那个问题将探索引向了人们生活中息息相关的事件上来。

儿童哲学课程强调的是问题而不是答案，这并不是说答案不重要，而是强调寻求这样的答案——既能推动探究，又能引发更进一步的对话。在哲学中，老师并不试图获得终极答案。就算真有终极答案，我们也应该对其保持警惕。假设你说"一切都已被知晓"，那我只能无奈地说："没什么理由再去探索了，直接告诉我答案吧，我记住就可以了。""一切都已被知晓"的这个回答阻止了进一步的探索。一个好的答案就像黑暗中的蜡烛，它提供了光明又创造了神秘。它能照亮前方的路，同时又能揭示未知的轮廓，让人们意识到还有更多东西需要研究和学习。

伦理探究中的思考和自我反思

你在科学课上学习了关于颜色的知识，知道了光的不同频率产生不同的颜色、声音与空气振动的关系等。这些知识是极有价值的，但它与你在艺术课上学习使用颜色绘画是不同的，与你在音乐课上通过声音演奏音乐也是完全不相同的。艺术家做出视觉判断，作曲家做出听觉判断，并创作出更复杂的艺术作品，例如绘画或奏鸣曲。关注光学的物理学家与根据色彩进行创作的艺术家之间存在巨大差异，而对声音的客观分析与个人通过声音创作音乐也不是一回事。

同样的道理，来对思考和自我反思进行对比。我们可以以一种超然的、客观的、不带个人情感的方式来研究思考的过程，可以研究有效思维的标准（由逻辑所确定），并将其应用于各种语言交流之中。但是，反思和自我表达则完全是另一回事。反思涉及对自己的经验和处境的反思，需要对自己的价值观和身份进行评估，还需要寻找更加可靠的标准，为人们做出各种判断提供坚实的基础。

在所有伦理探究中，思考和反思都是必要的。鼓励儿童更有效地进行思考，需要让儿童掌握推理的逻辑形式，培养他们阅读情境的能力，学会三思而后行，学会分类和区分，学会在适当的情况下作出概括和提出假设——这些都是良好思维的特征，但并不是做出道德判断的全部条件。**一个人必须对自我和自我意识有一个清晰的认识。**自我意识是每一个道德判断不可或缺的一部分，所以培养并提高自我判断的能力是必要的——要能区分哪些是对自己重要的，哪些是无关紧要的。同样，一个人还必须对自己的潜能和能力有一定的把握,以便能够区分哪些是力所能及的,哪些是超出自己能力范围的。最后,自我反思(以及道德判断)还包括对自己未来发展的方向感,指引你去实现自己的目标。当然,这并不是说道德生活是一种固定的、不可改变的过程。恰恰相反,一切目标都是暂时的,自我也始终处于变化之中,这种变化取决于我们用何种手段来实现所寻求的目标。因此,能够获得什么样的手段影响着目标的实现,而我们的目标反过来又控制和引导着我们所寻找的手段,影响处在变化中的我们。

进行自我反思,就是给我们提供一个方向并且不断引导着自我的发展,否则,将会导致一个不稳定的、无定形的、没有连续性以及缺少统一感的自我。我们每个人都承受着巨大的压力,这些压力将我们的精力分散到无数个方向,使我们的世界支离破碎。如果只是让学生去机械地进行思考,而不帮助他们自我反思,这绝不是好的道德教育,甚至算不上好的教育。学会自我反思本就应该是教育的重要内容之一,如今却处在被完全遗忘的危险之中。**儿童哲学所致力实现的,正是将自我反思带回到教育之中。**

附录 A　教师教育改革

只有课堂上的教师具备相应的教学能力，儿童哲学课程的效果才能成功地体现出来。而只有学校能够吸引高素质的年轻人，这个学校教师队伍的整体素养质量才能有所提高。相应地，只有职前教师教育能够充分发展年轻人的智力和创造力，才会有更多这样高素质的青年。但是，当前很多教师教育的方案都缺乏对这些能力的培养。

要规划一个教师教育的方案，首先应该考虑教育的总体目标。当我们对于该为孩子提供怎样的教育有一个更为丰富的理解时，才可能更清楚地知道我们希望教师以什么样的方式提供这样的教育。诚然，教育应该为孩子们更好地适应未来生活作准备，但教育本身也应该是令人满意并充满意义的。因此，教育的价值应该同时具有工具性和自足性。从广义上讲，**教育的主要目的是更新、扩充儿童的生活经验，而不是让他们接受那种不能激活其潜能的经验**。

只要把教育看作是学习已有的知识——获取代代相传的知识——教育就不可能在提升或扩充生活经验方面发挥重要作用，它最多只能使教育保持现有水平。为什么这么说呢？因为知识往往被认为是一种预先存在的东西——一种成人世界的财产——儿童只是从成人那里获取知识，忽视其自身对知识的参与和创造。**当教育的焦点从学习转移到思考时，教育才是一**

个使儿童积极参与进来的合作过程，儿童的创造力和记忆力等才能得到充分的发展。

如果我们最终想要的是有思想的、好奇的、富有想象力的、讲道理的孩子，那么思维能力的培养就必须融入基础教育的每一个方面。这反过来又要求教师教育能够赋予教师足够的训练，使他们能够将思维技能融入学科教学中。

传统上，教育的目的就是指导孩子在一些特定的学科领域进行学习。鉴于这一目标，教师教育自然就会出现两条平行的轨道：各学科的课程与学科教学方法的课程，即"内容课程"和"方法课程"。内容是给孩子的，方法是给老师的。如果我们要扩大教育的目标，就要让孩子们不只是知道这些知识内容，而且能够轻松有效地对这些内容进行思考，那么教育过程就必须加以修订。如果将思维技能融入学科学习是比较理想的做法，那么教师所能利用的唯一途径便是，**在教育的过程中将思维训练融入平时的学科教学中**。这一创新做法意味着在不能削弱学科的前提下，结束"内容课程和方法课程"的二分法。

思维是普遍的：它包括各种各样的心灵行为的表现。当然，"知道"本身就是一种心灵行为。我们应该确定这样的教育目标——**在一系列广泛的心灵活动中提高认知技能，以及具体学科领域的知识**。以历史学科为例，孩子们不仅需要学习历史事实，还要学习历史思维。这意味着教师要帮助孩子学会科学地思考，而不仅仅是学会科学事实；帮助孩子学会艺术地思考，而不仅仅是知道具体的艺术作品。事实上，这一扩大的目标已经出现在某些教育领域。例如，在外语学习中，人们可以学习单词和短语及其变形，但语言教师并不止步于此。他们普遍认为，只有当一个人开始使用一门语言思考时，才算真正接受了这门语言的教育。

这种教育转变所强调的不只是教学风格的改变,它还涉及拓宽整个教育过程,以便将思维技能的习得包含在每个学科领域。这一变革是对当下一个严肃而深刻的社会问题作出回应——教育工作者该如何直面当代的教育危机。国家层面的考试成绩可以被解释为儿童拒绝在教育中合作,因为他们认为教育与现实世界无关且毫无意义。如何才能抵挡这种趋势?没有什么方法可以让成年人把意义直接赋予给孩子们,因为意义是无法分配的。**教育者所能做的就是培养儿童的思维技能,使他们自己去发现和掌握所学科目的意义,从而使他们能够从不同的学科视角去思考,而不仅仅是去学习一些于他们而言完全陌生的学科知识。**

然而,思维技能是单独的、发散的。好的教师培训课程必须能让未来的教师掌握这些思维技能,同时让学生有机会体验参与到探究共同体中,以实践这些思维技能。因此,教师教育项目的一个先决条件是要具有反思性,并将每个教室建成一个探究的场所,将每个班级打造为探究意义的共同体。**衡量教师教育项目成功与否的一个方法是,看教师能否在课堂上鼓励自己的学生参与探究,而不只是学习特定的学科知识。**

有些教师相信学科知识已经完备了,所以认为探究是没有必要的。因此,教师教育项目在最初和整个过程要让他们认识到,人类知识具有片面性、不完整性和不稳定性。只有做到这一点,未来的教师才有可能拥有那种好奇心和持续的怀疑精神,这种怀疑促使个人和共同体进行坚持不懈的探索。而且,如果教师缺乏这种好奇和怀疑,他们也就无法把这种好奇和怀疑传达给学生。

教师教育项目的课程可以通过多种方式达到这些目的。一种是提供足够的课程,鼓励学生更加开放、好奇并进行智力探险。哲学和艺术可以达到这样的目的。哲学和艺术强调独创性和个性化,且欢迎各种观点,这可以有效地纠正很多学生在大学第一年的被动学习状态。哲学总是在好奇,它是持续不断的好奇和持续不断的反思。艺术不是形式化的知识,而是探索、发现,以及对相似性和差异性的追求,同时不试图将它们组合成一个知识体系。当然,必须明白,**在向未来的教师介绍哲学和艺术时,必须先强调这些探险实践,然后再研究传统**。这与目前的教师教育项目正好相反。他们通常是先学习哲学史、文学史、艺术史和音乐史,然后才被鼓励以适合教育儿童的方式实践这些学科。这会阻碍这些未来的教师成为积极的探究者,使他们很容易被传统的成就所淹没。更不幸的是,这些教师会以同样的方式将其应用于他们的学生身上。

在设计教师教育的课程时,需要遵循一条基本原则:**实践先于理论**。如果要培养愿意挑战的教师,就应该让这些未来的教师在持续的教学实践中接触传统。这种传统为我们提供了一定的分寸感。如果先让他们接受传统,再进行实践,往往会让他们觉得自己很业余、感到徒劳和没有希望,从而放弃实践的努力。

这带来了一个问题,即教师应该怎样准备,不仅要把哲学融入当前的学校课程,而且要鼓励孩子们进行哲学思考。当然,就哲学而言,教授成人的方法与教授儿童的方法没有什么不同。并不是每个老师都可以成为儿童哲学教师。我们可以说,**未来的小学哲学教师应该是一个既喜欢孩子又喜欢思想的人。**也就是说,这样的人应该对孩子们的需求和兴趣有强烈的同理心,并且发自内心地喜欢思想。对于具有这些特点的教师来说,当他们看到孩子们在愉快地进行哲学讨论以及提出哲学思想时,就会感到由衷的开心。

假设能够找到这样的潜在教师——我们的印象是,合格的人数会相当多——那么谁来教他们呢?他们必定是这样的人——愿意与未来的教师分享自己对儿童的热爱与思考,理解哲学与特定学科的关系,并且掌握哲学的对话教学法。此外,他们还必定善于改进学科课程,以便将思维技能融入该学科。

项目的目标

这样的教师教育项目具有如下目标:

1. 培养优秀的课堂教师,他们对于儿童具有强烈的同情心,重视探究过程,热爱思想并能够激发他们的学生。

2. 尽可能多地用同样的方法和方式教授未来的老师,因为他们会以同样的方式方法来教自己的学生。

3. 培养教师的思维技能,进而能够激发学生的思维技能。

4. 为未来的教师提供坚实的人文专业基础,鼓励他们从不同学科的角度思考问题,鼓励他们的学生也这样做。

5. 使未来的教师充分了解孩子的行为,知道这些行为现实的和可能的意义。

6. 为未来的教师提供充足的机会,使他们能够在课堂情境中与孩子们一起探究。

方法和程序

思维技能的发展是一个复杂而精细的运作过程。思维技能不能在真空中产生,也就是说,不能独立于特定的主题。但另一方面,如果与特定主题联系过于紧密,则会阻碍思维技能的发展。这意味着必须有一个由重要概念组成的学科,最好是在文明史上具有重大意义的概念,未来的教师和儿童都可以基于这些概念来磨炼他们的认知技能。一般来说,哲学和文明的智力维度提供了这类学科主题。**教师在哲学探究方面掌握多种技能,使他们**

在智力上变得灵活和足智多谋,从而可以应用到任何具体的学科主题上。 因此,需要一个强大的哲学课程作为核心课程,同时结合一个针对儿童特定思维技能的核心课程。基于这个原因,该模式需要 24 个学分的哲学和思维技能。

本教师教育项目的一个基本假设是,**思维是对话探究的内化**。这意味着,鼓励儿童思考的最好办法就是让他们进行课堂讨论,讨论那些对他们来说至关重要的问题。只有与同龄人进行智力上的对话才能激发反思。当对话本身遵循秩序并富有成效时,孩子们就会通过批判性和逻辑性的反思来内化这些对话。因此,教师教育应让未来的教师参与到新兴的探究共同体中来,正如这些教师在课堂上会鼓励学生发展探究共同体一样。因此,重视探究是开展思考活动的核心。探究共同体作为一种教学方法,对于培养学生的思维活动是必不可少的。

该项目的未来教师将获得传统学科的 62 个学分。这些学科包括广泛的人文、科学、社会科学、创造和表演艺术。一般而言,在对这些学科进行理论探讨之前,应先提供相应的实践机会,因为只有在实践背景中进行探讨才有意义。

每个具体的内容领域都将以这样一种方式教给未来的教师——将内容与相应的思维技能相结合进行掌握。无论学科是什么,都鼓励学生去寻找潜在的假设、理由、可能的含义以及其他的评估标准。无论是未来的教师还是学生,都将这个学科视为一个他们需要探索的领域。未来的教师和儿童都将自己视为探究的执行者,而不只是现成知识的学习者。

教学法(31 个学分)的系列课程将使教师认识到探究共同体在智力合作方面的优点。教育哲学、心理学以及哲学、心理学和教育的关系课程是基础性的,可以帮助未来教师理解其在对话教育中的目标。

表1　儿童哲学教育文学硕士(MAT)职前课程模型

		学科系列 （62学分）		教学法 （31学分）	哲学系列 （24学分）		选修课 （24学分）
第一年	秋季	文明史 I	散文与诗歌写作	反思教育导论	儿童哲学思维技巧 I	哲学史 I	
	春季	文明史 II	教师数学	儿童与文学	儿童哲学思维技巧 II	哲学史 II	
	夏季	教师地球科学	小学教师音乐	六月份集中住校安排			
第二年	秋季	小学教师体育	教师沟通技能	儿童心理学	面向儿童的科学思维技能	形而上学	
	春季	美国历史		青少年心理学实习	儿童价值思考技能 I：伦理	科学与数学哲学导论	
	夏季	小学教师艺术	教师环境研究	六月份集中住校安排			
第三年	秋季	文学史 I	人类学和民族研究社会学	教育心理学（语言获取和社会心理发展）	儿童价值思考技能 II：美学	知识论	
	春季	文学史 II	经济学政治学	特殊儿童教育心理学（残疾和天才儿童）	儿童语言思维技能	伦理学思想史	
	夏季	小学教师生物学	反思性演绎小学教师舞蹈	六月份集中住校安排			

续 表

		学科系列 （62学分）		教学法 （31学分）	哲学系列 （24学分）		选修课 （24学分）
第四年	秋季	艺术史	音乐史	教育哲学研讨讲座	儿童的社会思考	艺术哲学	
	春季			教学实践	儿童数学思维技能	社会与政治哲学	
	夏季	小学教师天文学	哲学与心理学和教育的关系研讨讲座	六月份集中住校安排			

授予学位：儿童哲学硕士

为了深入了解个人最感兴趣的领域，每个学生还可以选择24个学分的选修课。

学生的具体成果

成功完成该项目的职前教师将能够：

1. 在他们的小学课堂上组织探究共同体。

2. 在课堂上进行对话，以培养孩子们的推理能力。

3. 倾听孩子们对话的哲学维度，与学生一起探索这些领域。

4. 在人文、科学、社会科学、创造和表演艺术方面有足够的积淀，并以此为基础影响小学生的探究。

5. 在课堂中示范反思性探究。

6. 掌握对提高儿童推理技能所必需的逻辑。

7. 理解哲学史，并能将之与儿童的探究联系起来。

8. 理解儿童，理解他们如何思考、如何感受、彼此之间如何关联以及如何与成年人相互关联。

9. 理解教育的过程，理解教育的历史、基础以及其对培养有思想和理性的孩子的影响。

录取选择

由于这个项目非常强调未来教师对思想世界的理解，并对孩子的需求和兴趣的强烈同情，因此选拔过程必须相当严格。全国各地的指导顾问都将审慎，向那些表现出合适动机和能力的高中毕业生提供机会。然后在申请者中进行筛选，以选出最有前途的候选人。筛选将包括要求一篇文章并审查学历证书和任何其他有可能成功的证据。

学位的学术要求

申请硕士学位的学生需要成功地在教育学、思维技能和哲学等领域完成所有学分。每个学生将被允许修读 24 个学分的选修课，以便有机会探索其他领域，或是专注于一个领域。每个学生都应参加正常学年的课程，加上每年夏天的一个集中住宿月。

附录 B 实验研究儿童哲学

能否证明儿童哲学具有重要的教育意义？为了回答这些问题，第一次实验发生在 1970 年。这个实验假设儿童推理能力的提高需要一定的帮助，这种提高反过来会促进其学习技能的提高。此外还假设，提高儿童的推理能力就是提高他们寻找意义的能力。1970 年的实验表明，一个为期九周的项目不仅可以在推理方面产生明显的收获，在阅读方面也是如此。两年半以后，这些阅读能力的提高依然非常显著。以下是 1970 年实验的总结：

1970 年，李普曼和比尔曼（Bierman）在新泽西州的蒙特克莱进行了第一次儿童哲学实验。这项研究的目的是确定向五年级儿童教授推理的可行性。这是在一所经济和种族上有差异的学校中进行的，随机建立两个实验组，每组 20 名儿童。对照组被分配到社会研究实验。实验组在 9 周内共进行了 18 次 40 分钟的课程。

两组最初都在 CTMM（1963 年长表修订版）上进行测试。前期测试没有显著差异，在 9 周结束时，两组都在短表（Short Form）上进行了测试。试验组在逻辑和推理方面明显优于对照组（$p<0.01$）。通过计算，实验组的心理年龄为 13 岁 11 个月，对照组为 11 岁 8 个月（增加 27 个月）。

为了确定实验是否具有持久的效应，我们对实验之前的和实验两年后学生在爱荷华州考试中的阅读成绩进行了测试。两组学生在阅读方面的差异显示有显著的不同（$p<0.01$）（确定研究设计2年半后仍然有效）。比尔曼总结道："这个实验对两年半后学生的阅读成绩有积极的影响。"*

虽然1970年的实验显示，学生在推理和阅读方面取得了显著的进步，但必须考虑到，这门课程是由一位英国教授讲授的，而不是一个普通的教师。因此，在下一步的实验中，普通的教师将接受培训，使学生在他们的课堂上进行哲学思考。这个实验在1975年进行，由罗格斯大学认知研究所的霍普·哈斯（Hope Haas）女士设计和评估。以下是实验结果：

纽瓦克实验采用所罗门的准实验四组设计，包括两个实验组和两个控制组。除了传统的控制，这个设计还包含对预测效果的控制。纽瓦克的八个实验班包括两所学校的200名学生，控制组还包括另外两所学校的200名学生。

在纽瓦克，六年级的学生有多方面的改善。六年级学生在阅读方面取得了实质性的进步，在批判性思维方面也取得了显著的进步，在人际关系方面也取得了非常明显的进步。五年级学生在对待智力自由的态度上有了显著的提高。五年级和六年级学生的阅读能力显著提高（$p<0.02$），实验班学生的阅读能力平均提高了8个月，而对照组学生的阅读能力提高了5个月。一些实验班甚至有更显著的进步。一个班级提高了两年半，另一个班级提升了一年零四个月。

与罗格斯大学哈斯女士的其他测试不同，阅读分数来源于大都会成就测试（Metropolitan Achievement Tests）——纽瓦克学校每年的官方测试。所使用的分数来自于1974年和1975年中级MAT考试的分数，该

---

* Philosophy for Children, Metaphilosophy 7, no. 1(Jan. 1976).

考试涵盖 5.0—6.9 年级，以 F 和 G 两种形式交替进行。学生在 1974 年参加 G 考试，在 1975 年参加 F 考试。这个测试关注一些特定的技能，这些技能被认为是阅读过程的关键组成部分：

1. 识别阅读文章主旨的能力；
2. 能够从所呈现的材料中得出正确的推论；
3. 感知和理解细节的能力；
4. 在文章的语境中识别正确词义的能力。

对其他类别——好奇心、逻辑思维、分析性和创造性问题的使用——测试的结果尚不确定。自从 1970 年由一位大学逻辑教师教授的试点项目显示出逻辑推理方面的显著改进以来，儿童哲学课程与教师密切相关。强调阅读的教师可以在阅读方面取得显著的进步，而强调推理的教师可以在推理方面取得显著的进步。*

这里再总结一下另一项实验的结果，德弗勒走读学校（Devereux Day School）位于亚利桑那州斯科茨代尔市，是一个为残疾和情感障碍学生提供学习的教育机构。这里的语言临床医生卡罗尔·西蒙（Charlann Simon）使用我们的材料进行了实验。

1977 年秋天，五个男孩被选中参加儿童哲学研讨会。这些男孩的年龄从 11 岁到 16 岁不等。有了三个控制组。实验组的平均智商为 93，控

---

* Hope J. Haas, Philosophical Thinking in the Elementary Schools. An Evaluation of the Education Program Philosophy for Children, unpub. mimeo. , Institute for Cognitive Studies. Rutgers University, 1976.

制组为102。在进入实验组和控制组之前,男孩们进行了以下测试:II级和III级CTMM推理测验,ITPA听觉联想子测验和视觉联想子测验。从1977年10月到1978年5月,五个实验对象参加了大约50次30分钟的研讨。使用的是《哈利·斯托特迈尔的发现》的内容。

前测未表明两个群体有显著差异。在测试前和测试后,显著性水平如下:

	实验前	实验后
II 级(推理)	0.55	0.06
III 级(推理)	0.63	0.10
听觉联想	0.83	0.20
视觉联想	0.82	0.10

两组都有所改善,但实验组的改善更为显著。尽管控制组在年龄和智商上更有优势,但实验组在批判性思维技能上取得了更大的进步。例如,控制组在CTMMT-II推理测试中获得了13%的提高,而实验组获得了35%的提高。

通过使用t检验,实验组不仅绝对表现有提升,而且测试前/后在以下方面有显著进步:

II 级(推理)	0.033
III 级(推理)	0.068
听觉联想	0.042
视觉联想	0.223

这项研究是为了检验李普曼和夏普(1974)项目的有效性,并评估是否应该继续分配临床时间来进行该项目。数据表明这个项目是有效的,批判性思维能力的提高证明了继续儿童哲学项目的必要性。*

继1975年的纽瓦克实验之后,新泽西州普林斯顿的教育考试服务中心(the Educational Testing Service)设计、监控和评估一项为期两年的儿童哲学教学实验,实验在新泽西州庞普顿湖和纽瓦克进行,目的是确定哪些方面的推理得到了最大的进步。

IAPC儿童哲学项目在1976年9月至1978年6月期间进行了广泛的实验。该研究由教育考试服务中心进行并评估,而且得到了新泽西州教育部的资助。实验的第一年致力于构建一种新的、标准的推理工具,该工具仍在开发过程中。第二年研究了城市和非城市环境中儿童哲学项目的影响。

项目涉及新泽西州的两个社区:纽瓦克和庞普顿湖。每一地区大约有200名实验对象和200名控制对象。这些孩子在5—8年级。参与的每位教师都接受了一年的培训,每周与教授团队会面一次,每周两小时。学生课程与教师培训同时进行,学生每周上课大约2小时或4小时。

实验的目的是确定这些学生是否能够达到:

1. 在儿童哲学项目中,以下任何一点或所有方面的推理都有显著的进步

---

* Charlann Simon, Philosophy for Students with Learning Disabilities, Thinking: The Journal of Philosophy for Children I, no. I (Jan. 1979): 21-33.

  a. 作出形式上的推论并识别谬误

  b. 发现替代方案和可能性

  c. 提供理由和说明

2. 思维的流畅度或有效性方面有显著提高

3. 通过教师评估衡量,学生的学业准备度显著提高

4. 基本技能(阅读和数学)表现有显著提高

  在纽瓦克的实验中,用的测量工具是学校官方的大都会成就测试;在庞普顿湖使用的是学校官方的CTBS工具。

  总体目标的各个方面被分配给若干工具进行测量,具体如表1。

表1 目标的子类别与测量工具

目标的子类别	工具
推理 a. 作出形式推论 b. 发现替代方案,感知可能性 c. 提供理由	标准参照的形式推理测试(由ETS和CTMM设计) 关于"它可以是什么?"和"它可以用于什么?"的测试 关于"什么原因?"的测试
思维的有效性	测试"它可以是什么?""它可以用来做什么?"和"有多少理由?"的问题
学业准备度	儿童描述清单
基本技能(阅读和数学)	纽瓦克:大都会成就测试 庞普顿湖区:CTBS

  以下结果表明了该项目的有效性(见图1和图2)。

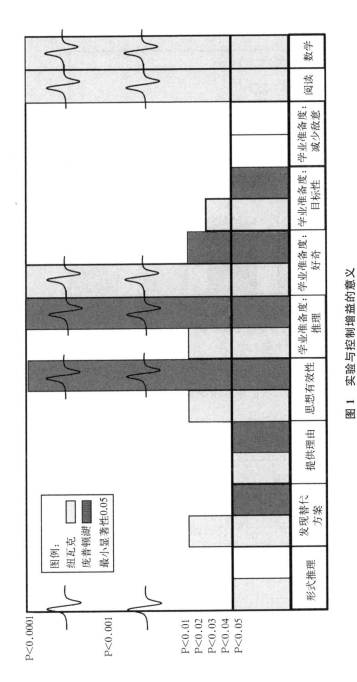

图 1 实验与控制组增益的意义

纽瓦克儿童哲学实验，1977—1978，教育考试服务中心，普林斯顿，新泽西州

附录 B 实验研究儿童哲学

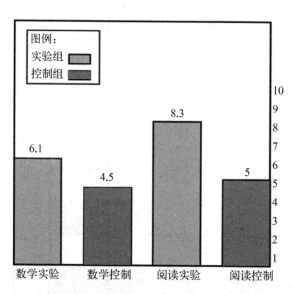

图2 阅读和数字平均标准分数的收益比较

纽瓦克儿童哲学实验,1977—1978,教育考试服务中心,普林斯顿,新泽西州

测试时间:1977年5月—1978年5月

工具:大都会成就测试(MAT)

	数 学			阅 读	
	实验组	控制组		实验组	控制组
1978年平均	89.409	85.037	1978年平均	79.450	70.685
1977年平均	83.295	80.535	1977年平均	71.119	65.687
增益	6.114	4.502	增益	8.331	4.998
结论:实验组增益比控制组大36%			结论:实验组增益比控制组大66%		

工具	项目效果测量		评估 x 级别项目的影响	
	纽瓦克	庞普顿湖	纽瓦克	庞普顿湖
CTMM		0.02 女生	0.00	
Q-3			0.04	
它会是什么？(适当)	0.01			0.00
使用(适当)	0.00			
推理(适当)	0.06		0.00	0.11
重叠的类别		0.01		0.05
(灵活性)	0.10	0.05	0.01	0.00
它会是什么呢？(总)	0.01	0.00		
推理(总)		0.00		
CDC-推理	0.01	0.00		
好奇心	0.00	0.01	0.01	
任务取向	0.02			
减少敌意	0.05			
阅读	0.00			
数学	0.00			0.03 女生

值得明确指出的是：

1. 纽瓦克的学生在阅读和数学方面的整体效果明显，使用缩放分数来结合不同层次的数据，达到了 0.000 1。

2. 进行形式推论方面,项目对每个年级女孩的效果都是显著的(0.02),庞普顿湖区 8 年级除外。

3. 教师对两个社区学生学业准备度进行评估,从教师的角度来看,该项目对学生的学习动机和人际态度有很好的影响。可以认为,在更积极的教师期望的氛围中,孩子们更有可能满足这种期望。尤其有趣的一点是,这种改善往往发生于正在退步的中年级学生中。

4. 对思维流畅性的定性观察显示,儿童的沟通技巧有了非常显著的提高。由此证明儿童哲学对阅读缓慢的儿童非常有效。

5. 接受儿童哲学的时间长短至关重要。次数越多,学生的表现就越好。例如,在纽瓦克的实验中,孩子们在项目中的时间越长,他们在推理测试中的分数就越高(0.01 水平显著性)。

6. 结果表明,逻辑推理和智力创造力不是相互抑制的,两者都能被同一个项目激发。改进的结合是重要的,因为如果没有智力活动的丰富,批判技能的提高仅仅是表面的或空洞的。

7. 教育考试服务中心(ETS)认为,与纽瓦克相比,庞普顿湖区显著性评分的频率较低,这是由于儿童哲学的项目影响到了控制组,导致控制组的表现与实验组的表现一起提高。

结果简述如下:

1. *阅读和数学*。儿童哲学项目对纽瓦克学生的阅读和数学成绩的总体影响达到了最显著的水平(0.000 1)。

2. *推理*。在纽瓦克的许多区域和大多数年级以及庞普顿湖的某些年级,创造性推理(产生新想法、发现可行的替代方案和提供理由的能力)都取得了非常显著的提高。纽瓦克四个年级中的三个年级在形式推理方面也有了显著的提高。

3.学业准备度。无论是在纽瓦克还是在庞普顿湖,教师关于该项目对学生影响的评估都非常正面。在老师看来,学生们的好奇心明显更强,更能专注于他们的任务,更体贴他人,更善于推理。*

---

* Educational Testing Service. Princeton. N. J. 1977 – 1978.